La por

Enric Larreula i Vidal

Il·lustracions:
Carme Peris i Lozano

editorial cruïlla

Primera edició: octubre 1990
Segona edició: setembre 1991
Tercera edició: setembre 1992
Quarta edició: octubre 1993
Cinquena edició: juliol 1994
Sisena edició: octubre 1995
Setena edició: agost 1996

Il·lustracions i coberta: *Carme Peris i Lozano*

Balmes, 245 - 08006 Barcelona

Comercialitza: CESMA, S.A.
Catalunya i Balears: Sant Boi de Llobregat,
tel. (93) 630 84 00
fax. (93) 630 87 50
C. Valenciana: València, tel. (96) 375 50 00
fax. (96) 375 73 25

ISBN: 84-7629-442-5
D. L.: M-27.801-1996
Imprès a Espanya / *Printed in Spain*
Impremta SM

Els personatges de la Bruna i en Sergi són inventats, i ni tan sols els he descrit, només intuïm com són pel que ells mateixos diuen o pensen. Ara, moltes de les coses que explico en aquesta aventura són de debò. I la casa existeix. Jo hi he estat.

EL CEL S'HAVIA ANAT enfosquint cada cop més. I això que quan van començar a pujar muntanya amunt, feia sol.

—La màquina!

—Quina màquina?

—La màquina de retratar. Me l'he deixada a baix, on ens hem aturat —va dir la Bruna, esverada.

—Bé, dona, ja la recolliràs a la baixada —va dir-li en Sergi, que en aquell moment caminava al seu costat.

—Que no, que potser no baixarem per aquí, i llavors què? No la puc pas deixar... Ui a casa!...

—I què vols fer? —va dir el noi, comprensiu.

—La vaig a buscar.

—Ara?

—Quin remei... Vaig a avisar l'Eulàlia que me'n torno a recollir la màquina —i es va avançar fins a aconseguir el grup que anava davant.

—Eulàlia —va dir la Bruna a la monitora—, he de tornar enrere, m'he deixat la màquina de retratar.

—Ara, Bruna? —va fer la xicota.

—És que no la puc perdre. A casa em maten si torno sense la màquina.

L'Eulàlia es va aturar i la colleta que anava al seu voltant: la Meritxell Pujol, en Roger, la Meritxell Comes, en Jordi Brunet, l'Òscar, en Ferran, la Júlia i l'Ausiàs, es van aturar amb ella.

—Està a punt a punt de ploure —va dir l'Eulàlia mirant el cel, cada vegada més i més ennuvolat.

—A mi ja m'ha caigut una gota —va cridar l'Òscar.

—I a mi una altra!

—Si se'm mulla la màquina se'm farà malbé —va insistir la Bruna.

—D'acord —va fer l'Eulàlia—, vés-hi, però no hi vagis sola. A veure... —i va mirar els de la colla—. Tu, Sergi, acompanya-la.

—Ara tornar a baixar fins allà?... —va rondinar aquest.

La nena se'l va mirar amb uns ulls suplicants.

—Va, home, vés-hi —va tornar-hi l'Eulàlia—. Si te l'haguessis deixada tu, també t'agradaria que algú t'acompanyés. —I com que va veure que en Sergi no s'acabava de convèncer, va afegir—: Vés-hi, Sergi, si hi vas tu estaré més tranquil·la, tu tens molt de seny. A més, em sembla que a la Bruna també li agradarà molt que l'acompanyis tu, oi? —va dir mirant la nena.

Aquesta es va posar vermella i va exclamar:

—No, m'és igual que m'acompanyi o no, si no vol venir, que no vingui.

—Ho veus? —va saltar el noi— per a qui pesava més la mandra de desfer el camí fet que l'afalac que li havia fet l'Eulàlia—. No cal que hi vagi.

Llavors la Bruna va témer que entre una cosa i altra encara li tocaria de baixar sola i, després de vacil·lar una mica, va afluixar:

—El que passa és que si t'acompanya algú sempre és millor, per si prens mal.

—Va, Sergi, acompanya-la —va continuar la monitora.

En aquell moment van començar a caure gotes grosses.

—Ja plou!

—Ja plou! —van cridar alguns de la colla.

L'Eulàlia va dir:

—Va, Bruna i Sergi, si heu de tornar avall no us entretingueu, que em sembla que avui tindrem aigua. I si plou ja no torneu a pujar, uniu-vos al grup d'en Miquel i torneu tots cap a Can Cerdans. Bé, ja se li acudirà a ell de tornar enrere. Digueu-li que nosaltres continuarem fins a Can Marimon, que ens queda més a prop. Quan no plogui ja ens reunirem, que no pateixi. Digueu-li-ho, eh? Au, afanyeu-vos que això va de debò.

I tant si anava de debò! De cop, un llamp va estripar aquell cel tan i tan enfosquit i abans que haguessin sortit de la seva sorpresa, un tro terrible va sotraguejar tota la muntanya. S'estava preparant una tempesta forta.

En Sergi i la Bruna van tirar avall tot desfent ràpidament aquell camí que havien pujat tan a poc a poc. Quina llàstima que

plogués, tanta il·lusió com els feia l'excursió. També...!

—Mira que si ens plogués tota la setmana que encara ens queda de colònies! —va fer la nena.

—Alça aquí! —va exclamar ell—. No siguis gafe.

La Bruna va continuar baixant en silenci, i al cap d'uns instants va dir:

—No es diu gafe.

—Què?

—Que no es diu gafe.

—Per què no es diu gafe?

—Perquè està mal dit, en català es diu d'una altra manera.

—Com es diu? —va preguntar el noi.

—Ara no me'n recordo, però no es diu gafe, segur.

—Què saps tu! —va fer ell amb un to foteta i apressant el pas.

—Serà possible! —va dir la nena, molesta—. Fes el favor d'esperar-me, no?

Però el nen va continuar avall.

Tot d'una, en Sergi, que anava al davant, va veure que en un revolt del camí apareixia en Miquel. Estava d'esquena, mirant camí avall per on pujava la resta de la colla.

En Sergi es va girar cap a la Bruna i li va dir:

—Va, Bruna, que ja són aquí.

—Ja?

—Sí. Allà baix hi ha en Miquel que espera els altres.

—Però on ens hem aturat abans era més avall, oi?

—Sí, una mica més avall, però no gaire. Era una clariana que hi havia al costat del camí.

—Va, anem-hi —va fer la nena apressant el pas.

I tots dos van acabar corrent fins on hi havia en Miquel esperant-se.

En sentir les passes dels nens que corrien cap a ell, el xicot es va girar i se'ls va mirar.

—Miquel!, Miquel! Que ens hem deixat la màquina de retratar!

—Hola —va fer aquest.

Llavors els nens van quedar astorats: no era en Miquel, el seu monitor... era un altre xicot jove, potser com en Miquel, també amb motxilla a l'esquena, que duia un anorac groc igual igual que el d'en Miquel. I com que duia la caputxa alçada, perquè plovia, no se li veia bé la cara i no s'havien adonat que no era ell fins que no hi van ser ben a prop i el van sentir parlar.

—Ai! —va fer la Bruna—. Ens pensàvem que era el nostre monitor, com que va vestit igual...

—Són més avall —va fer aquell home—, s'han aturat quan ha començat a ploure.

—Fins i tot porta barba com ell —va afegir en Sergi, sorprès encara per l'equívoc que havien tingut.

—Sí —va somriure l'excursionista—. El que passa és que aquests anoracs són tots iguals, i amb motxilla a l'esquena... de lluny tots fem la mateixa fila.

—Que són molt lluny? —va preguntar la nena.

—No, els he deixat fa uns sis o set minuts. Són dos revolts més avall. Quan jo he passat pel seu costat estaven aturats a sota d'un arbre i deien que com que començava a ploure no sabien si continuar o tornar enrere... Eren un noi i una noia grans i uns vuit o deu xavals com vosaltres.

—Sí, són ells —va dir la nena.

—El que passa és que ara jo mirava avall, perquè em sembla que torno enrere —va fer l'excursionista—; cada cop plou més, i de la manera que s'està posant negre...

I sí, sí, va tirar camí avall acompanyat d'en Sergi i la Bruna.

DES DE DALT DE TOT d'una roca que hi havia un bon tros de camí amunt, l'Eulàlia i la colleta que anava amb ella s'ho miraven tot, entomant l'aigua. Llavors la xicota va respirar tranquil·la. Havia observat amb atenció com en Sergi i la Bruna havien baixat tot el camí fins a trobar-se amb en Miquel, que s'havia avançat al grup que anava amb ell i la Carme, perquè els altres encara no es veien... I després, tots tres, en Miquel, la Bruna i en Sergi havien tornat enrere a reunir-se amb els altres, i cap a Can Cerdans. És clar, si es posava a ploure era el millor que podien fer, tal com ja ho havia dit ella, perquè Can Cerdans els queia més a prop.

—Eulàlia! —va cridar la Meritxell Comes—, cada cop plou més fort.

—Ja ho sé, ja ho sé, no rondineu més —va dir la monitora—. Però m'he volgut esperar a veure si en Sergi i la Bruna es trobaven amb els altres, que Déu nos en guard que ara entre una cosa i altra es perdessin, que...

—I nosaltres continuarem l'excursió? —va preguntar en Jordi Brunet.

—No —va fer ella—, l'excursió ja s'ha acabat, almenys mentre plogui. Ara el que hem de fer és córrer tan de pressa com puguem fins a Can Marimon i eixugar-nos la roba a la llar de foc. Si després surt el sol ja en parlarem.

—I si no surt? —va preguntar la Júlia.

—Dona, un moment o altre sortirà —va fer l'Eulàlia.

—Però i si plou fins demà? —va insistir la Júlia.

—Doncs si plou ens quedarem a dormir a Can Marimon, què hi voleu fer...

—I els altres? —va preguntar en Ferran.

—Els altres s'esperaran a Can Cerdans que acabi de ploure, i després ja ens trobarem —va respondre l'Eulàlia.

—Però l'excursió al Pic dels Tres Bessons, la farem o no? —va tornar-hi en Ferran, que no ho acabava de veure clar, tot allò.

—Sí, home, que la farem, però quan no plogui. Va afanyeu-vos —va dir ella.

Però llavors, veient que uns quants arrencaven a córrer i a empaitar-se pel camí, que era cada cop més estret i amb una considerable timba en un costat, va afegir—: I sense córrer! Em sentiu?

—Però si acabes de dir que correm... —va exclamar-se la Meritxell Pujol.

—Córrer, però sense córrer —va fer la monitora—, ja m'enteneu. Que només faltaria que ara algú de vosaltres rellisqués i prengués mal. Que no veieu la timba que hi ha?... Tot mullat... No, no, de cap manera, només em faltarien aquests problemes a mi... Ui!, no, no...

—Però si jo sempre corro per la muntanya encara que plogui i mai no m'ha passat res —es va queixar en Roger.

—Mira, Roger —va respondre l'Eulàlia—, quan estiguis amb els teus pares fes el que vulguis, però aquí de colònies i mentre jo sigui responsable vostra anireu amb compte de no fer-vos mal, que després les vostres famílies... ja sabem el que passa...

Els nens van creure i van avançar amb

pas decidit, però sense jugar a empaitar-se ni a fer bestieses. L'Eulàlia va respirar tranquil·la... Perquè hi patia ella, fent de monitora d'esplai. Li agradava, però hi patia. Abans no, però d'ençà que l'any passat la Mercè Vallribera va anar d'un pèl que no se'ls ofega al riu... I mira que vigilaven, eh?, ella i la Carme. Però, noi, un moment que van anar a veure com estava el menjar i... sort que aquella nena petita de l'escola Prat de la Riba es va posar a cridar, que si no...

L'Eulàlia no volia ni pensar el que els hauria passat si la Mercè Vallribera se'ls hagués ofegat... Hauria estat tan horrorós... I com ho dius després als pares... Es va esgarrifar tota, com l'any passat...

Per això ara vigilava molt i era tan prudent. Per això, tot i que no tenien pèrdua, perquè només havien de tirar camí avall, va voler esperar a veure com en Sergi i la Bruna es trobaven amb els de l'altre grup. Només llavors va decidir de continuar amb els seus i buscar un aixopluc.

Era molt prudent, l'Eulàlia, molt prudent i molt bona monitora. Els pares podien confiar-li els fills amb tota la tranquil·litat del món.

El que passa és que la Bruna i en Sergi no s'havien trobat amb en Miquel. Sí, prim com ell, amb motxilla, amb un anorac groc com ell, però... no era en Miquel, l'altre monitor. Ella, l'Eulàlia, també s'havia equivocat, era tan fàcil...

—ON ANÀVEU? —va preguntar l'excursionista.

—Al Pic dels Tres Bessons —va respondre la Bruna—. Hi has estat?

—Sí, moltes vegades.

—És maco? —va preguntar en Sergi.

—Sí que ho és, però quan fa un dia clar i es pot veure tota la vista. Ara no veuríeu res. Que pugeu de Can Cerdans, oi?

—Sí.

—D'on sou vosaltres?

—De l'Escola Catalunya, de Sabadell.

—Sí, vénen moltes escoles ara per aquí.

Van continuar uns instants en silenci. Però de seguida:

—Bé, nois, jo tombo per aquí —va dir-los l'excursionista tot ficant-se per un corriol estret que sortia de mà dreta.

—No véns amb nosaltres pel camí? —va preguntar la nena.

—No, no vinc pas de Can Cerdans, jo, sinó del poble, i per aquest corriol faré molta drecera, que em sembla que ja em convé. Vosaltres continueu avall, que els vostres companys, si no se n'han mogut, són sota un castanyer molt gran que hi ha no gaire lluny d'aquí. Ja els trobareu. Adéu, nois, i bones vacances.

—Adéu! —van cridar tots dos alhora.

I van continuar caminant.

De cop, el noi es va aturar:

—Mira —va dir.

—Què és?

—Aquest arbre. No el recordes?

—No —va respondre ella.

—Mira, veus com sí que hi ha un camí? Per aquí hi hem passat abans... I la màquina te la deus haver deixada allà dintre. Allà hi ha d'haver la clariana on hem descansat... Que l'Eulàlia ens ha dit allò de la font i ens hem ficat per aquí dins...

—Per aquí era? —va fer la Bruna sense acabar de recordar el lloc.

—Sí, vine, ja ho veuràs.

I es van ficar per aquell petit senderó.

Llavors, de cop, va començar a caure aigua del cel, com si haguessin obert una resclosa. I vinga llamps i trons.

—Ara sí que plou! Corre! —va cridar en Sergi saltant de pedra en pedra.

—Sergi, no corris! Vols dir que era aquí?

—Sí, dona, és clar que sí, vine —va dir el noi. Però al cap d'uns instants, veient que cada cop plovia amb més força, es va ficar a sota d'un roure espès i va afegir—: Aquí a sota els arbres no ens mullarem tant, esperem-nos-hi que passi el fort de la tempesta. No és gens bo que ens mullem anant vestits.

S'hi van estar uns instants. En un principi potser sí que els arbres els tapaven una mica, però ben aviat aquell aixopluc va ser insuficient. I el mateix Sergi, convençut que es mullaven igual tant si s'estaven allà sota com si corrien, va exclamar:

—No ens podem entretenir més, Bruna, que hem de trobar en Miquel i la Carme.

—I on són ara?

—No poden ser gaire lluny, aquell ens ha dit que eren darrere el revolt, a sota d'un castanyer del camí.

—Sí, però ara ens hem ficat per aquí per trobar la clariana i no sabem on som.

—Sí, dona, el camí és allà mateix. Veus, per aquí hi anirem a sortir més avall —va dir tot assenyalant una mena de petit corriol.

Tot d'una, un altre llampec brillantíssim seguit d'un tro eixordador els va encongir el cor. No van dir res, però tant en Sergi com la Bruna van pensar que si plovia d'aquella manera segurament la colla d'en Miquel i la Carme també haurien anat a buscar algun aixopluc a Can Cerdans o qui sap si en alguna altra casa de per allà i potser els perdrien... Perquè Can Cerdans era lluny... Potser ja havien caminat més d'una hora de Can Cerdans fins allà on eren... Ai!, mira que si es perdessin en aquell bosc, i plovent d'aquella manera...

—Corre, Bruna, que hem de trobar-los! —va cridar temerós en Sergi tot sortint de sota el roure.

—Sí! —va dir ella, que en aquell moment pensava el mateix que el noi.

I van córrer com van poder muntanya avall. Però al cap d'uns instants ella es va aturar en sec.

—Sergi! Hem de trobar la màquina de retratar! On era l'esplanada on ens hem aturat abans? Vols dir que no l'hem passada de llarg?

—Deixa't estar de la màquina de retratar ara, Bruna, que no veus com plou?

—Però no puc perdre-la, el pare me la va deixar i...

—Ja tornarem per recollir-la demà, quan no plogui. Corre ara, hem d'aconseguir en Miquel i la Carme, si no, encara ens perdrem.

—Però si es mulla es farà malbé —va suplicar la nena—. On era aquella clariana, més amunt o més avall, eh?, digues. —va insistir angoixada tot mirant enrere.

—Per l'amor de Déu, Bruna, si es fa malbé amb l'aigua ja no li deu venir d'aquí. Corre!

La nena va vacil·lar uns moments encara, però...

—Espera'm, no? —i va arrencar a córrer darrere d'ell.

El noi va continuar tirant per una mena de corriolet.

—No era per aquí, Sergi —va cridar ella—, que ens estem perdent.

—Ja ho sé, que no era per aquí, però

per aquí tallem, que no veus que si no, no els aconseguirem mai? Per aquí també sortirem al camí d'abans.

—Cridem-los, no poden ser gaire lluny.

I tots dos es van aturar i van posar-se a cridar amb totes les seves forces:

—MIQUEEEEL! CARMEEEE!

Res, només el soroll recargolat dels trons i la pluja que tot ho ofegava. I van cridar altres noms de companys de la colla:

—MAAAARC! ALBAAAA!

Però ningú no va respondre.

—No ho entenc —va fer en Sergi, preocupat—, no poden ser gaire lluny, aquell ha dit que s'esperaven a sota d'un castanyer del camí, però...

—La culpa és teva perquè t'has ficat per allà —va exclamar ella, nerviosa.

—No senyora! Per allà hi havia la clariana. I encara sort que ara hem fet aquesta drecera i hem guanyat molt de camí. Pitjor tu, que et volies entretenir amb la teva màquina dels nassos.

—Ooooohh! I tu, que t'has volgut entretenir a sota els arbres?

—Sí, i si no arriba a ser per mi encara estaríem allà sota entomant l'aigua.

—Qualsevol diria que no n'entomem ara.

I van continuar un bon tros avall enfadats l'un amb l'altre. De cop en Sergi, sense dir res, es va enfilar per unes roques que feien un petit monticle entre el bosc.

—Ara on vas? —va dir ella.

—M'enfilo per veure si veig el camí d'abans. Ha de ser per aquí.

Es va enfilar fins a dalt de tot vigilant de no relliscar, però les roques de granit oferien bona presa. Un cop a dalt va mirar a dreta i esquerra.

—Què veus? —va preguntar ella des del peu de les roques.

Però el noi no va dir res. L'espectacle que es veia des de dalt l'havia deixat sense paraula. I va tornar a baixar a poc a poc.

—Què has vist, eh?, digues —va insistir ella.

—No res, no es veu res. Corre, no ens entretinguem.

Efectivament, l'única cosa que havia pogut veure era una paret de boires atapeïdes que avançaven cap a ells engolint-ho tot al seu pas, fent-ho desaparèixer tot, camins, muntanyes, boscos..., tot es difuminava al pas de la boira i desapareixia entre el gris, com tocat per una vareta màgica.

No havien tingut temps de baixar cinquanta metres més, que la boira va envoltar-los i confondre'ls més encara. Van començar a agafar por.

PERÒ ON REDIABLES era el camí d'abans i la colla d'en Miquel i la Carme? Ostres, ja! Tan bé com havia anat tot i... Havien pujat en dos grups, primer el grup de l'Eulàlia amb la Meritxell Pujol i la Comes, l'Òscar, en Jordi, en Roger, l'Ausiàs i ells dos. En Miquel, però, es va esperar que la Carme estigués preparada, perquè la Carme havia arribat aquell mateix dia amb el seu cotxe des de Barcelona i encara havia de preparar tot de coses. I amb en Miquel i la Carme pujaven en Marc, l'Oriol, l'Alba Grau, en Denís, l'Eugeni Forrellats, l'Aurora, en Pep Romaguera i l'Emma. Havien de pujar al Pic dels Tres Bessons i baixar per Coll Fornell fins a Can Marimon, l'altra casa de colònies, on dinarien, i a la tarda tranquil·lament tor-

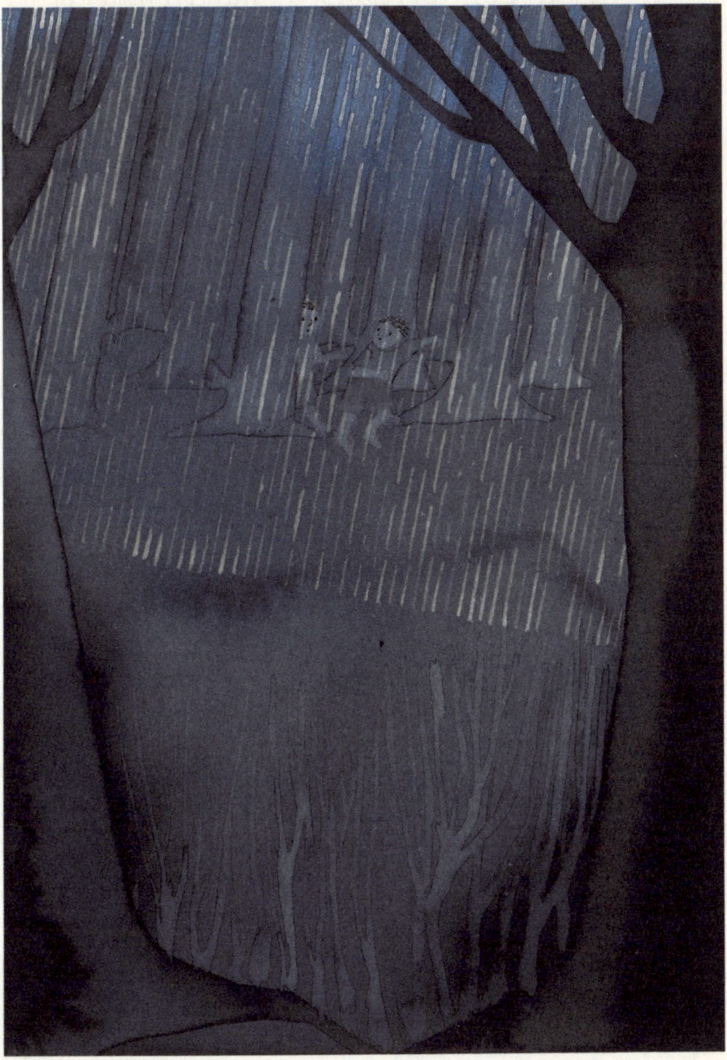

narien a Can Cerdans. N'havien parlat, d'aquesta excursió... Aquella havia de ser la millor excursió de totes les vacances i... Perquè el dia que van anar al riu també va ser bonic, però és clar... I el dia dels jocs de camp, i quan van anar a peu a Sant Hilari. Però l'excursió al Pic dels Tres Bessons era la millor... I anar a ploure d'aquella manera, allò sí que era tenir mala sort... Perquè encara que l'endemà fes sol, al Pic dels Tres Bessons ja no hi tornarien, perquè havien de fer altres coses i els quedaven molts pocs dies. Tan bé com anava tot i... Els dos grups es portaven un quart d'hora de distància, sobretot perquè ells s'havien aturat a descansar i a menjar quatre ganyips en aquella clariana on la Bruna s'havia deixat la màquina. I els dos grups mentre pujaven s'anaven cridant l'un a l'altre: EEEEEOOOOO!! EEEEEOOOOO!! I de tant en tant es veien. Com era possible que ara no els haguessin trobat? Perquè encara que per buscar la clariana haguessin deixat el camí, tampoc no podien ser tan lluny...

Merda de pluja! Potser els altres havien reculat avall a corre-cuita..., o potser s'havien amagat, però amagat on?

De mica en mica en Sergi va començar

a inquietar-se. Aquell corriolet que havia agafat per guanyar terreny no semblava que anés a parar al camí una mica més ample per on havien pujat ells abans, i on segur que hi havia l'altre grup. De moment no va dir res a la Bruna perquè no s'enfadés més amb ell, després de tot, la iniciativa de prendre aquella drecera havia estat d'ell, però...

Van arribar a una clariana plena d'enormes castanyers vellíssims, de troncs immensos plens de solcs i esvorancs. Alguns tenien uns forats tan grossos en el tronc que s'hi haurien pogut amagar per protegir-se de la pluja. Però si en un altre moment s'haurien ficat per aquells forats i s'haurien enfilat per aquells troncs renegrits i clivellats, ara aquella mena de plaça enmig del bosc amb aquells arbres monstruosos que apareixien com fantasmes entre l'espessa boira els va impressionar i intranquil·litzar.

—Sergi —va fer ella—, ens estem perdent. Aquests arbres abans no els hem vistos.

—És que anem per la drecera, dona.

—I quan arribarem al camí?

—Ha de ser per aquí avall. Potser més cap a la dreta.

Però no era fàcil tirar cap a la dreta. Una mena de barranc els ho impedia. Van haver de baixar més i més. Quan finalment van poder tirar cap a la dreta van haver de remuntar un vessant del bosc i esquivar unes roques grosses. Ja no anaven per cap camí.

—Sergi, que no era per aquí.

—Ja ho sé —va fer ell, nerviós—, però hem de trobar el camí que va a Can Cerdans, no?

I van continuar.

Tot d'una van veure un camí entre els arbres.

—Mira, el camí! —va cridar ell, content.

I van passar entre les plantes molles de brucs, gòdues i ginebres fins a arribar al camí. Ja hi eren. Quin pes s'havien tret de sobre, oh!

Però aviat van adonar-se que aquell camí no semblava pas el que ells havien pres abans.

—Ara què hem de fer, a la dreta o a l'esquerra? —va preguntar la Bruna amb l'esperança que en Sergi tingués més sentit de l'orientació que no pas ella. El noi va mirar amunt i avall del camí una estona, sense acabar de decidir-se. Finalment va fer:

—És cap allà —i va girar cap a l'esquerra.

—Però ho saps segur, que és cap allà, o ho dius per dir alguna cosa? —va fer ella sense fiar-se'n.

—És cap allà, segur. Que no veus que cap allà fa baixada i abans hem estat pujant sempre?

La noia no va respondre. Va tornar a cridar encara una altra vegada en Miquel i la Carme amb totes les seves forces, i veient que ningú no li responia, va callar i va seguir en Sergi, espantada de la seva pròpia veu i espantada del silenci d'altres veus i del rebombori de trons.

La Bruna i en Sergi estaven cansats de caminar, de caminar i de córrer, sobretot la Bruna. I a més a més, estava molesta perquè ell no l'esperava, només corria i mig corria camí avall sense ni tan sols girar-se per veure si ella el seguia, només de tant en tant cridava «Afanya't! Afanya't!».

En un revolt el va perdre de vista i llavors, cansada, nerviosa i disgustada de veure el poc cas que ell li feia, es va aturar en sec i va cridar:

—Prou! Sergi! Home, ja! No corris més! Em sents?

I es va adonar que una glopada de llàgrimes li amarava els ulls i es barrejava amb les gotes de pluja galtes avall.

Al cap d'uns instants en Sergi tornava a aparèixer lentament pel revolt tot mirant-se-la com un enze.

—Què et passa ara?

Quan la nena va sentir aquella veu estúpida que semblava que no entenia res, que no es feia càrrec de res, va esclatar en un plor fort.

—Eh? Què et passa ara? —anava repetint en Sergi tot reculant lentament cap on era la Bruna.

Ella el va trobar odiós.

—Eh? Digues —tornava a dir ell, ja al seu costat.

I ella no li podia dir res de tanta ràbia com portava a dintre, que no era sinó una barreja feta de por i cansament.

—Ara per què plores? —va dir ell.

I ella l'hauria escanyat. Finalment, entre sanglots va cridar-li:

—Que no corris més! Em sents? Que no corris més! Home, ja!

—Però, que no veus com plou? —va fer el noi.

—I què que plogui? Saps cap on anem o no?

En Sergi va dir a poc a poc:

—Potser és per aquí, no ho sé... Però no ens podem pas quedar aquí entomant l'aigua.

—I si com més caminem més ens perdem, què? —va fer ella ressentida com si ell tingués la culpa fins i tot de la pluja.

En Sergi no va saber què respondre.

En aquell moment un tro fortíssim, llarg i recargolat va fer retrunyir de tal manera la muntanya que va semblar que tot el món s'ensorrava i es trencava en mil bocins, i de tot arreu els ecos van anar empaitant-se, allargassant aquell so terrible. Tots dos van espantar-se i es van acostar l'un a l'altre fins a gairebé tocar-se. Però no ho van fer, ell perquè estava molest amb ella perquè li donava la culpa de tot; ella, per ressentiment.

Llavors la Bruna, totalment desmoralitzada es va posar a caminar camí avall, plorant i sense esperar en Sergi. El noi aviat la va aconseguir i es va posar a caminar en silenci al seu costat. I avall, avall, per un camí que no s'acabava mai.

En un principi havien anat molt amb compte de no ficar els peus en algun bassal, però ara, anaven ja tan molls que tant era, perquè cada vegada que posaven el peu a terra, les vambes treien aigua com una esponja.

El cel s'havia anat enfosquint, enfosquint, una cosa de no dir. No sabien quina hora era, però era evident que no era tan tard com per ser tan fosc.

FEIA ESTONA que caminaven sense dirse res. La Bruna s'havia anat asserenant. Tot d'una va dir:

—I si tornem enrere?

—Enrere?

—Sí, aquest camí no va enlloc i cada vegada ens estem perdent més.

En Sergi va sentir dintre seu que la nena devia tenir raó, però tornar enrere, per què? si ja devien ser tan lluny del camí bo. A més a més, per on s'hi anava? Ja ho sabia prou que estaven completament perduts, però què hi podien fer?, quedar-se quiets?, desfer un altre cop aquell llarg camí que ja portaven fet en aquella direcció?, i per què?, anant amunt, on anirien a parar?, si no sabien ni on eren. En tot cas, el que calia era trobar un aixopluc, després, quan no plogués, ja mirarien d'orientar-se. Llavors per intentar calmar la Bruna, el noi va dir:

—Mira, continuarem per aquest camí uns cinc minuts més, a veure si trobem algun refugi, o una casa, o el que sigui. Si no trobem res, llavors, si vols, tornarem enrere.

Però la nena en sentir això encara es va inquietar més:

—I tornar a fer tot aquest camí de merda?

—Però que no ho acabes de dir tu mateixa, de tornar enrere? —va exclamar ell desconcertat per l'actitud de la Bruna, que semblava que ni sabia el que volia—. Va, caminem una mica més.

En Sergi es va adonar que la nena estava massa nerviosa per tenir les idees clares, per tant, tota la responsabilitat queia damunt d'ell. Si a ell li semblava que havien de seguir aquell camí, doncs seguirien aquell camí. De fet, els camins, tots els camins, sempre duen a un lloc o altre: a alguna casa, a algun poble, a algun lloc on hi hagués gent i poguessin avisar i telefonar a Can Cerdans. Només era qüestió de tenir una mica més de paciència... pensava per tranquil·litzar-se.

Van continuar potser uns tres-cents metres més. I en Sergi es va anar inquietant de mica en mica, perquè el camí més aviat semblava que s'estrenyia i no pas que s'eixamplava. Potser no, potser només era aquell tros, i més endavant... Ah, sí, ara semblava que es tornava a eixamplar... Semblava mentida com el pensament d'en Sergi s'anava obsessionant amb l'amplada d'aquell camí, com si tot, absolutament tot, depengués de si el camí es feia ample o es feia estret. Com si pel fet de fer-se el camí més ample volgués dir que ja no estaven perduts, que havien encertat la bona direcció, que aviat retrobarien els companys i es podrien escalfar al voltant d'una llar de foc tot rient i recordant l'aventura... Potser sí que era una mica més ample ara...

Es va girar. La Bruna caminava unes passes darrere seu, molla com un peix i sense dir res. Semblava més calmada, encara que en qualsevol moment podia tornar a ensorrar-se. Val més així, va pensar ell. Tot d'una la nena va dir:

—Vols dir que aquest camí no es fa cada vegada més estret?

—No, més endavant es torna a fer més ample —va dir, i la veritat és que no sabia per què ho havia dit, si en realitat no ho sabia, si es feia més ample o no.

Però no. No només s'estrenyia, sinó que cada cop estava més embardissat i ple de mates d'estepes i de roldor que hi creixien al bell mig. Allò anava malament!... I aquella maleïda boira!...

Amb tot, el nen no volia abandonar encara. Tornar enrere era tan difícil... Però ara ja havien d'ajupir-se per passar entremig de les branques d'alzina i d'arboç, que creixien baixes i ho feien tot cada cop més fosc.

De sobte el camí va eixamplar-se, i amb ell, l'esperança dels nens. Semblava que havien anat a parar a una mena de placeta petita, però no..., allà s'acabava tot. Es tractava d'una esplanada, potser d'una antiga carbonera, però allà s'acabava el camí. Els nens van resseguir ràpidament aquella clariana envoltada de bosc espès.

—I ara què fem? —va dir la Bruna.

—Sembla que el camí continua per aquí —va comentar en Sergi, que s'havia ficat entre els arbres.

—Vols dir? —va preguntar la nena acostant-s'hi.

El nen havia començat a caminar per un petit senderó entre les alzines.

—Continua per aquí —anava dient.

—Almenys espera'm, no? —va cridar ella tot seguint-lo—. A més, que no és per aquí! Sents, Sergi? Que no és per aquí! Em sents? Espera'm!

La Bruna estava molt preocupada perquè per allà on passaven no hi havia cap camí, era un anar posant els peus a les petites clarianes que hi havia entre la brossa. Però en Sergi s'havia ficat tossudament per allà, i ella, sola, no volia quedar-s'hi. Però per allà s'esgarrinxava amb les punxes de les mates d'argelaga, amb les fulles de la garriga i les branques seques de les alzines, i al cap d'una estona va dir prou.

—Sergi! Fes-me el favor! Torna! Jo no camino més per aquí! Això no és cap camí i cada vegada estem més perduts! Em sents? Torna!

Però en Sergi no li va respondre, només aquell soroll constant de la pluja omplint-ho tot... La nena es va espantar i va tornar a cridar-lo, però res. Aleshores va callar en sec. Havia acabat agafant por fins i tot de la seva pròpia veu. On era en Sergi? Què li havia passat? Hauria caigut per algun precipici i s'hauria matat? S'havien separat tant que ja no tornarien a trobar-se? O què més li podia haver passat? Qui sap si potser una bèstia, o potser algú, l'havia mort o segrestat? Què sabia ella del que podia haver-hi en aquelles muntanyes tan grans i aquells boscos tan espessos?

Un nou tro va sotraguejar el cel i la Bruna va notar dintre seu que havia agafat por de debò. Sense saber on anava es va llençar cap endavant cridant.

—Sergi! Sergi!

No veia res, només corria esgarrinxant-se tota i deixant-se filagarses de samarreta a cada romeguera.

DE SOBTE, una mà llefiscosa va subjectar-la per l'espatlla i li va aturar en sec la correguda. La Bruna va sentir que el cor li esclatava dins del pit, i va quedar tan paralitzada per la por que no podia ni girar-se per veure aquella cosa terrible que l'havia atrapada.

—No corris tant, que no és per aquí —va dir en Sergi deixant-la anar—, és per aquí, vine.

La nena no va poder respondre-li de tan trasbalsada com havia quedat en sentir-se agafada sense esperar-s'ho. A més, va sentir dintre seu la ràbia de pensar que no podia ni dir-li, a ell, que s'havia espantat d'una forma terrible, perquè en Sergi, en comptes d'entendre-ho, encara se n'hauria rigut. I això sí que no! En aquell moment no li hauria aguantat una rialla.

—Va! Que véns, o què? —va dir en Sergi, que havia començat a baixar vessant de la muntanya avall, entre els arbres—. Va, que ets més cançonera que... —insistia apressant-la.

—Vols callar d'una vegada? Imbècil, ja! —va saltar la Bruna, exasperada.

Perquè si ella anava a poc a poc era perquè no podia anar més de pressa. El peu dret cada cop li feia més mal, i tot allò era ple de mates d'argelaga que punxaven com agulles. Malgrat els seus esforços per anar de pressa, era conscient que semblava que caminés a poc a poc expressament.

—No puc córrer més, jo... —va acabar cridant.

—Va, dona, que ja hi som. Aquí baix hi ha uns camps de conreu, i si hi ha uns camps, hi ha d'haver una casa a prop.

Era tanta la necessitat que tenia de trobar el camí bo, d'arribar a algun poble i de retrobar-se amb els de l'escola, que les paraules que acabava de dir en Sergi la van omplir d'esperança.

Efectivament. Quan va acabar de baixar per aquell pendent atapeït d'alzines es va trobar enmig d'una esplanada oberta. En Sergi l'esperava impacient per mostrar-li el seu descobriment.

—Què te'n sembla, eh?, d'aquests camps que he trobat? Ja m'ho semblava a mi, que havia de ser per aquí. Va, anem, que hem de trobar la casa abans que no es faci fosc.

La Bruna va mirar delitosa amunt i avall, a tort i a dret. Però allà no se'n veia cap, de casa, només camps entre boscos emboirats i... res més. La seva esperança es va anar esbravant. Llavors va clavar una mirada al seu rellotge de polsera. Quina hora devia ser ja? Devia fer hores que s'havien perdut, perquè tenia una gana... Però el rellotge s'havia mullat tant, que a dins de l'esfera s'hi havia fet una mena de baf que entelava el vidre i no deixava veure quina hora era.

El que era veritat és que el cel s'havia anat enfosquint i enfosquint...

Aquells camps, però, no estaven cultivats, sinó coberts d'herbes molt altes. Potser tot allò estava abandonat...

—Va, vine d'una vegada —va insistir en Sergi, impacient.

—Però ara on anirem —va dir la nena quan va ser al seu costat—, cap aquí o cap allà?

—Cap aquí! Afanya't! —va dir en Sergi decidit. I llavors va agafar la Bruna per la mà i la va estirar com per ajudar-la a caminar més de pressa.

La nena va sentir una sensació contradictòria: d'una banda va agrair que el nen li donés la mà per caminar, se sentia més acompanyada; però de l'altra, la molestava que l'estirés com si fos un carretó i la fes anar més de pressa del que ella en aquells moments estava disposada a anar.

Van travessar aquell camp i un altre i un altre. Tots semblaven abandonats, coberts d'herbes i d'ortigues...

—Aaaiii!!! Com punxa! —va cridar la Bruna regirant-se i fregant-se les cames.

—Vigila! Són ortigues! —va saltar en Sergi, ell també amb les cames i una mà plenes de minúscules punxetes rabioses.

—Quin mal! Quin mal! —anava dient la Bruna.

—No podem passar per aquí —va fer ell fregant-se la mà amb força—, tot és ple d'ortigues. Haurem de tornar enrere.

—Només ens faltava aquesta —va saltar la Bruna, i va notar que li tornaven a venir unes ganes imparables de plorar.

—Tira, tira, enrere! Hem de sortir d'aquí! —va dir ell, que també havia perdut totalment el control.

Van recular fins al marge d'aquell camp, i per la vora van anar avançant a poc a poc. Per allà no hi havia ortigues, però era ple d'esbarzers que els dificultaven molt d'avançar. A més a més, allà la terra era més tova i s'enfonsaven al fang de mala manera. Les vambes els pesaven com si fossin de plom. En Sergi, però, no volia donar-se per vençut, si allà hi havia camps hi havia d'haver una casa a prop... De cop se li va acudir pensar que, quan, anant amb el cotxe de casa, o amb autocar, o amb el que fos, havia circulat per les carreteres, havia travessat molts camps treballats, però que quedaven allunyadíssims de qualsevol lloc habitat. I va agafar por.

—Per què ho dius, que hi ha d'haver una casa per aquí? Potser no n'hi ha cap, de casa. A més, aquests camps estan abandonats —va dir la Bruna mentre intentava desentortolligar-se d'una bardissa que se li havia enganxat.

En Sergi va quedar sorprès que ella hagués pensat el mateix que ell en el mateix moment i va creure que potser era allò que en diuen telepatia i que la Bruna li havia llegit el pensament, però no li va dir res, només va sentir que no tenia més ganes de caminar, només d'estirar-se a terra i posar-se a plorar. A més, les cames i la mà li feien una coïssor terrible de les ortigues, que no li baixava. Només se li va acudir de dir a la noia:

—Vols que tornem enrere?

—Vull que sortim d'aquí.

En Sergi va mirar enrere, d'allà on venien, després va mirar endavant. Tot era igual: el camp aquell emmarcat per un bosc espès. Potser ara no plovia tant com abans, però la boira continuava passant a glopades.

La Bruna s'havia desenganxat de la bardissa i va continuar endavant.

—On vas? —li va dir en Sergi, però no va esperar la resposta d'ella, només la va seguir. A més, era perfectament conscient que aquella pregunta que acabava de fer era absolutament estúpida.

La Bruna va avançar unes quantes passes més i es va aturar en una raconada que feien uns arbres. I es va quedar immòbil mirant cap a la dreta, al darrere d'aquells arbres.

En Sergi es va estranyar que ella s'hagués quedat aturada mirant fixament cap aquella banda en comptes de mirar-lo a ell.

—Què hi ha? —va preguntar el noi—. Què veus?

—Hi ha un camí —va dir ella seriosa—. I tinc gana.

—Un camí? —en Sergi va córrer fins on era ella.

Efectivament, en un racó del camp semblava que hi havia un antic camí que es ficava bosc endins. Però curiosament, en comptes de sentir un alleugeriment per haver trobat aquell camí, tant ell com ella van sentir una sensació d'angoixa. Potser era perquè enmig del camp encara hi havia claror, però si es ficaven per aquell camí entremig del bosc no s'hi veurien. Potser era que el camp era ample i les coses te les veus a venir, en canvi per un camí enmig d'un bosc espès... En un camp obert, a males, sempre pots arrencar a córrer, però en un camí estret i embardissat...

En Sergi es va anar acostant a poc a poc fins a l'entrada d'aquell camí. Per les bardisses que hi naixien i el travessaven, i per les mates de bruc o roldor, va comprovar que feia molt de temps que no hi passava ningú, almenys cap vehicle, fos carro o tractor.

Sense gosar entrar-hi es va girar i va cridar a la Bruna:

—Que véns, o què?

—Jo no m'hi fico —va dir ella secament, fregant-se encara la coïssor de les ortigues.

A en Sergi només li faltava allò. Potser si la nena s'hagués mostrat decidida ell l'hauria seguida, però si era ell qui l'havia de convèncer, malament estava la cosa. Tot i amb això va preguntar-li:

—Per què no vols entrar-hi?

—Aquest camí no m'agrada. És massa fosc. Jo em quedo aquí —i es va asseure a terra enmig del fang.

—Que no veus que d'aquí a una mica tot ho serà completament, de fosc?

—M'és igual. Tinc massa gana i em quedo aquí.

—Que no veus que hem d'aprofitar ara que encara és una mica clar per arribar a alguna casa? Que no veus que no ens la podem passar, tota la nit amb aquesta mullena a sobre, que ens moriríem?

La Bruna es va aixecar de terra com punxada per una agulla:

—Tota la nit?

—Si et quedes aquí, sí! Ara, si arribem a una casa i podem avisar, llavors ens vindran a buscar.

Aquells arguments van convèncer la

Bruna, que es va acostar fins on era ell, però el més curiós és que el propi Sergi es va convèncer a ell mateix.

—Vine, ja et donaré la mà perquè no tinguis por —va dir-li, però en realitat era ell que necessitava agafar-se a la noia o si no no es veia amb cor de caminar per allà.

La Bruna se li va agafar fort al braç. I així, ben acostats l'un a l'altre van començar a ficar-se per aquell antic camí.

—Tu no en tens, de por? —va preguntar-li fluixet, la noia.

—Por no, però fa com una cosa...

—Però tens por o no tens por? —va insistir ella.

—Sí —va dir ell més fluixet encara.

Anaven avançant molt lentament. Cada cop tenien més gana i, sobretot, més fred. El camí feia un tomb brusc, i de cop es va fer una mica més clar perquè s'obria com una esplanada. I allà, a davant seu mateix, va aparèixer entre la broma una masia enorme, allà a tocar, a menys de deu metres d'allà on eren, a la girada del camí.

EN COMPTES d'alegrar-se per haver descobert aquella casa, tant l'un com l'altre es van espantar. Potser si l'haguessin vista de lluny, però allò de trobar-se-la allà damunt d'ells mateix, sense esperar-s'ho... A més, no s'hi veia cap llum, ni se sentia ningú, ni cap gos... La van anar observant amb una gran atenció... Ni una peça de roba estesa oblidada en algun filferro a l'hora de recollir la bugada perquè plovia, ni una gallina, ni cap verdura plantada en els camps del costat, ni una eina repenjada en un arbre, ni... I malgrat tot, tenia una de les finestres de dalt oberta. En canvi, la porta i les dues finestres de baix semblaven tancades.

Els nens van sentir una gran angoixa davant de la visió d'aquella casa. No gosaven ni parlar. Agafats l'un amb l'altre van començar a donar la volta a la casa a veure si descobrien res que els inspirés confiança.

La masia tenia una forma pràcticament quadrada, amb una mena de cort enganxada al costat dret, amb una pallissa damunt. Per l'altre costat hi havia una altra porta i una altra finestra tancades. Tot era brut i semblava abandonat. Enlloc no es veia cap rastre de vida.

—No sembla que hi hagi ningú, oi? —va dir la Bruna agafant-se més fort encara al braç del seu amic.

—No ho sé. Hauríem de trucar a la porta —va fer ell fluixet, però sense gosar fer-ho.

Ara plovia poc, però encara queien gotes. A fora de la casa no s'hi podien quedar, o sigui que...

—Hauríem de cridar per saber si hi ha algú —va insistir en Sergi, però sense moure's.

—Doncs fem-ho —va dir la nena.

Però ni l'un ni l'altre no gosaven cridar. En realitat tenien por de sentir fins i tot la seva pròpia veu. Perquè per ara ningú no els havia descobert, però si cridaven delatarien la seva presència, i llavors...

Es van acostar lentament a la porta principal, sense fer soroll, obrint els ulls tant com podien per lluitar contra aquell crepuscle que començava a engolir-ho tot. Van empènyer la porta. Res, era tancada amb clau. Finalment es van decidir a picar a la porta i cridar:

—Escolti! Bona nit! Escolti? Hi ha algú? Obrin!

Després dels seus cops i els seus crits, un silenci absolut va dominar-ho tot i es va fer enganxós com la mateixa boira.

—No hi ha ningú. La casa deu estar abandonada —va dir ell.

—I ara què fem?

—Hauríem de procurar entrar-hi. Aquí a fora, mullats com anem i amb aquest fred, no ens hi podem quedar.

—Jo no entro aquí, Sergi, em fa molta por.

—Potser hi ha roba seca i menjar, i podrem fer foc i escalfar-nos, i passar tota la nit al costat del foc.

En sentir altra vegada la idea de passar tota la nit allà, la Bruna es va estremir.

—Però per què no ens busquen, ja? L'Eulàlia sembla burra, i en Miquel i la Carme també. Són uns imbècils, uns bèsties, tots tres!

El nen no va gosar dir res, però estava tan estranyat com ella. Per què els monitors no els venien a buscar d'una vegada? Tant els costava d'anar resseguint amb el cotxe tots els camins d'aquell indret fins a trobar-los? O és que encara no s'havien adonat que ells no eren en cap dels dos grups? Perquè si uns havien arribat a Can Marimon i els altres havien reculat fins a Can Cerdans el més lògic fóra que es telefonessin i que es preguntessin com estaven tots després d'aquella pluja, o no? I llavors descobririen que ells dos no hi eren, oi? Això era el més lògic, no?... Què devia haver passat? Allò no era normal, però gens, gens normal... Per què no venien ja d'una vegada? Segur que devia haver passat alguna cosa greu. En Miquel no els abandonaria d'aquella manera... Tampoc no podien haver anat a parar tan lluny, anant a peu...

Les dues finestres de la planta baixa eren tancades. Una, però, tenia oberts els porticons. Van mirar cap a l'interior, però era massa fosc i no van veure què hi havia. Llavors van anar a la porta de la cort. La van empènyer i va girar tot cruixint. El cor se'ls va encongir. A dins no es veia res, era fosc com una gola de llop. Es van mirar l'un a l'altre i fent el cor fort van entrar a la cort. Feia molta angúnia caminar per allà, perquè no sabien on ficaven els peus. Hi devia haver fustes o coses, perquè van ensopegar més d'una vegada, però no gosaven ni allargar la mà per no tocar els objectes amb els quals topaven.

—No entrem més, Sergi, per favor, no entrem més. Quedem-nos aquí. Quedem-nos aquí a prop de l'entrada. Em fa por aquesta casa.

Agafats pel braç, com anaven es van començar a ajupir amb la intenció de seure a terra, però just tocar amb el cul a terra, es van tornar a aixecar ràpidament. Allò estava completament mullat, amb aigua embassada i tot. Potser era l'aigua de la pluja que havia entrat pertot arreu, però potser era una altra cosa, no es veia res.

A mesura que els ulls se'ls van anar acostumant a la foscor, van començar a distingir coses. A mà dreta un filet de claror vertical donava a entendre que hi havia una porta que donava a la casa. S'hi van anar acostant a poc a poc. En Sergi es va repenjar en aquella porta, i la porta es va obrir sense cap esforç. A dins de la nova estança hi havia una mica més de claror, que entrava per una finestra. Van suposar que era la finestra que havien vist abans amb els porticons oberts, no en podia ser cap altra.

En Sergi es va ajupir i va palpar el terra. Hi havia un graó, o sigui que el cos de la casa quedava més alt que la cort. Tot era sec, per tant, havien d'entrar-hi.

—No hi entrem, Sergi, no hi entrem —anava dient fluixet la Bruna.

Al pobre noi només li faltava la por de la Bruna per acabar-lo d'ensorrar. Què hi feien allà, a peu dret i trepitjant aigua? El més lògic era que entressin i miressin de fer un bon foc a la llar per poder-se escalfar i eixugar-se la roba, no podien passar tota la nit mullats. I el nen va recordar que la mare sempre li deia que no portés mai els peus mullats, que es podria refredar. Si la mare l'hagués vist en aquell moment. Si els pares l'haguessin vist en aquella situació... En una situació com aquella, el pare què hauria fet? En Miquel què hauria fet? I en Robert? I la Gemma? I la mare? I l'oncle Pau? ... I va anar pensant en tot de persones grans que ell estimava i admirava i intentava imaginar què haurien fet en el seu lloc. De cop li va venir al cap la imatge de l'Ignasi, el professor de matemàtiques, i es va estranyar perquè a aquest ni l'estimava ni l'admirava com als altres, era injust puntuant i no li perdonava que no li hagués posat bona nota de l'últim treball que van fer a classe.

—TINC TANTA GANA... —va dir en aquell moment la Bruna arran de la seva orella.

—Sí, jo també.

—Entrem a veure si hi ha alguna cosa per menjar, no? —va fer decidida.

Aquell inesperat canvi d'actitud de la nena el va convèncer. I agafats l'un amb l'altre van entrar dins de la casa.

—Vigila, que hi ha un esglaó —va dir-li ell.

Pràcticament ja no entrava claror per la finestra, perquè s'havia anat fent de nit, però encara van poder-se fer càrrec d'on s'havien ficat. Eren en una habitació bastant gran, amb una taula al mig i uns bancs. Allò devia ser el menjador de la casa, per tant, segurament hi havia una llar de foc en alguna de les raconades. De cop van ensopegar amb alguna cosa de fusta que els barrava el pas, sort que com que caminaven tan a poc a poc no van prendre mal.

—Què és això? —va preguntar temerosa la noia.

—Sembla un banc tombat —va dir ell palpant-ho amb el peu—. Per aquí terra hi ha troncs; deu ser llenya per a la llar de foc. Si poguéssim trobar-la...

—Però com encendrem el foc? —va preguntar la Bruna—. Que portes llumins?

—No, però potser n'hi ha a la casa, a la llar de foc, a damunt de la taula. A veure si els trobem.

Aprofitant la poquíssima llum que entrava per la finestra van recórrer aquella habitació. A més de la taula i els bancs van trobar una calaixera amb algun dels calaixos abocat a terra. També van trobar la pica i els fogons, amb plats i altres coses trencades per allà damunt, en un costat hi havia un armari raconer d'aquests de pagès que es fan tot aprofitant una cantonada. Tot de sobte en Sergi va xisclar i va fer un salt enrere, i de retop, la Bruna.

—Què passa! Sergi! Què passa, digues! —va cridar la Bruna espantadíssima.

—Merda! —cridava aquest passant-se violentament la mà per la cara—. Algú m'ha tocat la cara!

I just en el moment de dir-ho ja va comprendre que no, que no l'havia tocat ningú, que devia ser una teranyina que penjava del sostre, perquè tenia la cara i el braç plens de fils gruixuts i polsegosos, però ja ho havia dit.

—Qui t'ha tocat?, digues.

—No ho sé, per aquí —i va comprendre que estava exagerant massa la cosa i que feia agafar una por innecessària a la Bruna, però li recava reconèixer que s'havia espantat per una teranyina.

—Anem, Sergi, anem!

Allò es complicava.

—Bé, potser era una teranyina —va confessar finalment.

—N'estàs segur?

—Sí —va dir mentre es treia els darrers fils dels cabells—. Vigila que n'hi ha moltes.

—Ai, tu, quin fàstic...

I van continuar observant amb molt de compte... Al fons de l'estança van descobrir la llar de foc, amb una campana enorme totalment esquerdada. No gaire lluny de la llar de foc hi havia unes escales de pedra que pujaven a l'estança de dalt.

—Per aquí es deu anar a les habitacions de dalt —va dir en Sergi tot intentant mirar escales amunt—. Vols que hi pugem?

—No, no, quedem-nos aquí baix, Sergi, no pugem, no —va insistir la Bruna estrenyent-li el braç per donar més força a les seves paraules, com si pressentís que allà dalt d'aquella escalinata s'hi amagava un misteri terrible.

—Hi deu haver els llits i potser hi trobaríem roba per canviar-nos.

—No i no! Sergi! Quedem-nos aquí baix!

Al nen, aquella actitud de por tan manifesta de la Bruna el va fer riure, una mica perquè a ell la por li havia començat a baixar un pèl, i una altra mica per compensar la història de la teranyina. Així és que va voler aprofitar l'ocasió per fer veure que ell no en tenia, de por. Per això, d'una estrebada es va deixar anar del braç d'ella i va pujar dos esglaons d'aquella escala. No hauria pujat fins dalt de tot per res d'aquest món, però va intentar demostrar que per ell sí que hi hauria pujat, però com que ella no ho volia...

—Sergi! —va cridar la nena, massa nerviosa per aguantar-li una broma en aquells moments—. Sergi! No pugis! Sents?

Era la primera vegada que cridaven a dins de la casa. Tant de bo que no ho haguessin fet mai, perquè en aquell moment darrere seu es va sentir un cop fort i un altre i un altre, talment com si el crit de la nena hagués posat en marxa un exèrcit de fantasmes. El cor els va fer un bot de l'esglai que van tenir. En Sergi va saltar els dos graons que havia pujat i la Bruna també va fer un intent d'anar cap on era ell tot xisclant de por. Així és que van topar l'un amb l'altre i es van agafar fort.

Allò era terrible. De cop, per tota l'estança, ara d'aquí, ara d'allà, ara de l'altra banda, havia començat un concert infernal de cops i recops i d'un horrible soroll de fregadís: zic-zic, zic-zic, zic-zic, que els va gelar la sang a les venes.

—Què és això? Sergi! Sents? —cridava la Bruna amb un autèntic atac d'histèria.

Però el noi no podia parlar, no podia dir res, no podia ni moure's. S'havia quedat paralitzat per la mateixa por. Només amb els ulls oberts intentava penetrar aquella atapeïda foscor per descobrir quins eren aquells éssers que havien començat a donar aquells cops horribles.

Tot d'una van sentir soroll de trencadissa de vidres, cap a la dreta, com si haguessin estavellat unes ampolles contra terra. La nena va tancar els ulls amb força i es va arrupir tota agafada fort a les cames d'en Sergi.

Zic-zic-zic, cops per aquí i per allà i soroll de coses trencades. En Sergi, palplantat allà al peu de l'escala, no podia reaccionar. Quan de cop, aquell zic-zic espantós es va anar fent més i més fort, com si se li anés acostant, i va sentir un cop fort a la cara, que el va fer caure per terra al costat de la Bruna. Llavors, només en aquell moment, en Sergi es va posar a cridar com un boig.

—Deixeu-me! Deixeu-me! AAAAHHHH!!!!

Fugir, fugir com poguessin d'aquella casa encantada, fugir ara que potser encara hi eren a temps, va pensar. Però la nena estava tan arrapada a les seves cames que no el deixava posar dret.

I darrere seu mateix es va sentir un cop contra la paret, i després un altre contra el vidre de la finestra i contra l'altra paret... Estaven completament envoltats d'éssers diabòlics que repartien garrotades a tort i a dret.

Com que no es podia aixecar, va protegir-se amb les mans i es va arrupir també contra la Bruna, esperant que d'un moment a l'altre sentiria un cop fort al cap que l'havia de matar. I un cop mort el devorarien, això si no ho feien mentre encara era viu, com en aquella pel·lícula que havia vist feia anys a la televisió sobre uns morts que s'aixecaven de les tombes i es menjaven les altres persones...

Llavors es va sentir un cop contra la porta que donava a la cort, després uns quants cops més a dins de la cort i aquell zic-zic-zic, i soroll de coses que queien a terra, i després res més, un silenci enganxós va tornar a omplir l'estança, només se sentien els cors de la Bruna i d'en Sergi, que bategaven com un parell de tambors.

VA PASSAR una estona llarga. Cap dels dos no gosava moure's de la posició en què havien quedat, arrupits a terra. Ella havia romàs tota l'estona amb els ulls clucs i no pensava pas obrir-los. En Sergi sí que els tenia oberts, però tampoc no veia res enmig d'aquella foscor.

Finalment, ell es va atrevir a moure's, i el primer que va fer va ser fregar-se el front i el nas, els llocs on havia rebut aquella garrotada. Però tampoc no semblava que hagués estat una garrotada, més aviat semblava un cop que li haguessin donat amb la mà, perquè una garrotada li hauria obert el cap, i en canvi allò no li havia fet gaire mal.

Després de fregar-se la cara va posar la mà damunt del cap de la Bruna. Ella es va estremir de por.

—Bruna, sóc jo —va dir fluixet—, no t'espantis.

Ella ni responia.

—Bruna, em sents? —va repetir.

—Sí —va dir la nena amb un filet de veu i sense moure's.

—Com estàs?

Ella no va respondre.

—Eh? Com estàs, Bruna? —va insistir.

Llavors ella va semblar que es movia, com si aixequés el cap per mirar-lo. Van passar uns instants de quietud absoluta, i finalment el va deixar anar de les cames i se li va llançar al coll abraçant-lo fort. Tots dos es van abraçar l'un a l'altre, i aquella forta abraçada els va proporcionar l'escalf humà que tant necessitaven. L'un i l'altre eren molt febles, però en aquells moments es feien una companyia inestimable.

I és curiós, una altra vegada tots dos van pensar el mateix en el mateix moment: «I si en comptes de ser dos com som ara, i d'estar aquí abraçat(da) a ell(a), m'hagués perdut tot(a) sol(a)?... Hauria estat terrible, terrible. Quina sort que tinc que ell(a) estigui aquí al meu costat».

En aquell moment van comprendre l'enorme importància que té la companyia d'un amic en un moment de necessitat, i van sentir que s'estimaven l'un a l'altre com no ho havien notat mai.

De fet, a la Bruna li agradava més en Marcel, que era tres anys més gran que ella i era molt alt i molt maco, l'únic que no li perdonava era que no fos del Barça, però sempre havia pensat que si aconseguia casar-se amb ell, ja el faria canviar, ja... Pel que fa a en Sergi, mai no se l'havia mirat amb gaire simpatia, com que sempre estava fent broma amb la Marta Pla... Però, de totes maneres calia reconèixer que en Sergi era una bona persona, una mica baixet per ella, i massa jove... També tenia les orelles massa grosses per al seu gust... i, sobretot, no tenia cap gràcia vestint, no portava cap cosa que fos de cap marca coneguda, ni els pantalons, ni les sabates, ni l'anorac, res... És clar que potser això era culpa de la mare, i mira que també tenir per sogra una senyora així...

En Sergi, en notar-se abraçat per la noia, es va sentir una persona important i amb una gran responsabilitat al damunt, perquè havia de protegir la Bruna com fos. I llavors va adonar-se que se l'estimava, la Bruna, tot i que ell sempre s'havia fixat més en la Gemma Roca, perquè era molt bonica i tenia molt més pit que no pas la Bruna, que era més plana que una post de planxar.

I la Marta, també li agradava molt la

Marta Pla, perquè era molt riallera, i moltes vegades havia pensat que li agradaria casar-se amb ella, però ara veia que no, que realment de qui estava enamorat era de la Bruna. I ara, abraçats com estaven, s'adonava que potser no era tan plana com pensava, i a més, potser l'any que ve ja en tindria més que no pas ara, de pit... Com li havia passat a la Teresa Fiol, que un any va fer un canvi que ja, ja... És clar que la Teresa Fiol ja anava a vuitè, i ells encara... Però segur que la Bruna l'any que ve...

—Qui hi havia a la casa? —va dir fluixet, fluixet, ella.

—No ho sé —va fer el noi també fluixet—. Però ara sembla que no hi ha ningú.

—Però com era que feia aquell soroll i ho trencava tot?

—No ho sé.

I van passar molta estona completament quiets i sense dir-se res.

En el moment d'abraçar-se havien sentit més fred encara, perquè la roba molla encara se'ls havia enganxat més a la pell, però ara que ja feia una estona que eren allà van notar la mica d'escalfor que es

desprenia dels seus cossos i la van agrair profundament.

Aleshores la nena es va fregar fort les cames.

—Oh! Encara em couen horrors de les ortigues.

—Sí, dura molt.

—Quin mal.

I ell va anar abaixant la seva mà fins a les cames d'ella i les hi va gratar suaument. La Bruna, agraïda, va deixar fer, i va sentir la sensació que en Sergi era un bon amic, el millor amic que havia tingut mai... Llàstima que en Sergi no fos en Marcel i en Marcel en Sergi i...

La mà d'en Sergi va anar afluixant, fins que va quedar immòbil damunt les cames d'ella. La Bruna en sentia l'escalf i li agradava. Van passar uns quants minuts en la més absoluta quietud.

—Sergi.

—Què?

—Que dorms?

—No.

—No t'agradaria menjar-te un bol ben calent de xocolata amb melindros, ara?

—Sí.

I es va produir un altre llarg silenci...

Com que estaven tan cansats en Sergi es va començar a adormir.

—O potser preferiries un bon plat de macarrons amb croquetes de bacallà?

—Sí, també —va dir despertant-se un altre cop.

I LLAVORS es va desvetllar. Ell també estava obsessionat per la gana, com la nena, però encara el preocupava molt més la mullena a sobre. La mare sempre li havia dit tant que per res del món anés amb els peus molls... i ara, imagina't com anaven. Va pensar que segurament d'aquella li agafaria una pulmonia i es moriria, la Bruna també es moriria, pobra..., però pitjor ell... És clar, molt pitjor ell...

I llavors per uns moments va pensar en la mort. És curiós, no hi havia pensat mai, en la mort, i ara... ni tan sols hi havia pensat quan es va morir la iaia Elvira... És clar que ja feia uns quants anys, ell llavors anava a segon i moltes coses no les entenia...

I es va posar a pensar en la iaia Elvira, i a recordar escenes de quan amb els pares l'anava a visitar a casa seva i ella li explicava coses i el renyava perquè s'enfilava a les cadires... I de quan els avis venien a dinar a casa... I de quan la iaia es va posar malalta... i ell la va anar a veure un parell de vegades a l'hospital... Li feia estrany de pensar ara en la iaia Elvira, perquè pràcticament no hi havia tornat a pensar mai més, i ara... Potser una mica els primers dies, quan la mare plorava... És clar que ell tampoc no ho va acabar d'entendre, allò. Quan el pare li va dir que la iaia Elvira s'havia mort i que ja no la veuria mai més, ell no s'ho va acabar de creure... I després la va anar oblidant, bé, del tot no, perquè hi ha la fotografia damunt del bufet... Però... És clar que de petit no se n'havia fet el càrrec, en canvi, ara havia pensat en la mort, per primera vegada havia pensat en la seva mort, i de pensar en la mort havia pensat en la iaia... Què passava amb la mort, feia mal? Si ara ell es morís de fred i de gana en aquella casa, patiria molt? I por? Feia por morir-se?...

I un cop mort, què?... I si la iaia Elvira, tot i ser morta, se l'estigués mirant en aquell moment a través d'aquella foscor?... Ai... Però la iaia no li faria cap mal perquè segur que se l'estimava... encara que ell de petit l'hagués feta enfadar sovint amb la història de les cadires... Però... I si fos veritat allò que va veure en aquella pel·lícula que els morts també viuen, encara que d'una altra manera?... L'Ausiàs li havia dit un dia que els de casa seva creien que els morts no s'acaben de morir del tot i que t'hi pots comunicar... Ell no ho sabia; els seus pares no en parlaven mai, d'aquestes coses... No sabia res... I va anar agafant por. Llavors va sentir com una sensació de ser observat de molt a prop per alguna cosa estranya i misteriosa, i una angoixa freda li va penetrar fins al moll dels ossos... Neguitós, es va acostar encara més a la nena buscant el seu escalf i la seva companyia.

Aleshores, com si fos fet expressament per complicar-ho tot una mica més, a fora es va tornar a posar a ploure amb força.

—Bruna...

No va respondre.

—Bruna —va insistir ell sacsejant-la suaument.

—Què? —va dir ella amb una veu que ni se la sentia.

—Sents com plou?

—Sí...

I ja no va dir res més, semblava com si s'hagués adormit. Potser quan havia respost ja estava adormida.

A en Sergi el va indignar que tornés a ploure. Si plovia d'aquella manera potser no els trobarien mai... És clar que en Miquel i la Carme, i també l'Eulàlia, quan descobririen que ells s'havien perdut remenarien tota la muntanya fins a trobar-los. Vaja quina una la Carme, més tossuda que era...! Però quan se n'adonarien? Potser passarien dies... Ara, ells, quan es fes clar sortirien d'aquella casa tant si plovia com si no, i tornarien enrere pel camí per on havien vingut... Era qüestió d'anar triant sempre el camí més ample, i a un lloc o altre sortirien... Potser fins i tot la guàrdia civil els vindria a buscar, perquè en aquests casos sempre s'avisa la guàrdia civil... Era possible que sortissin a la televisió. Llavors la por es va anar esbravant i els fantasmes que s'havien congriat en el seu cap van desaparèixer, fins i tot va encetar un somriure. Ostres, tu! Com fardarien després a l'escola d'haver sortit a la TV3. Serien famosos. I a ell l'envejarien per haver passat tota una nit abraçat a la Bruna... i ja veuries, ja, la Gemma Roca com se'l miraria d'una altra manera a partir d'ara.

I es va adormir. El cansament havia acabat guanyant la partida a la gana, al fred, a la mullena i a la por.

I van anar passant les hores sota la pluja...

Tot d'una, en Sergi va sentir una estrebada i es va despertar sobresaltat.

—Sergi! Sergi! Desperta't! —cridava la Bruna acostant-se-li més encara—. Sergi!

I va sacsejar-lo frenèticament. Una altra vegada el cor del nen es va accelerar de por, i es va incorporar d'una revolada. En fer-ho, el seu cap va topar amb la barbeta de la Bruna, que se li havia col·locat pràcticament al damunt.

—Ai! Quin mal! Què passa ara? Per què crides? —va fer ell tot fregant-se el cap amb una mà, precisament al mateix lloc on abans ja havia rebut un cop.

Llavors la nena, fregant-se també ella la barbeta, va dir fluixet:

—No cridis. Aquí hi ha una cosa.

—Quina cosa? —va fer ell també a mitja veu. I de cop li van tornar els fantasmes de l'àvia i de tot.

—No ho sé, però hi ha una cosa que m'ha passat per damunt de la cara. Sents? Sents ara?

Tots dos van callar com morts i van parar moltíssima atenció a qualsevol soroll que es produís en aquella maleïda casa. Van passar els segons lentament, com hores. A fora, l'incessant percudir de la pluja. A dintre, només foscor i silenci. Foscor i silenci . I ells no gosaven ni respirar per no...

—Ara! Sents? —va dir la nena amb una veu prima.

I en Sergi va parar l'oïda al no-res... Potser sí que... Ara, ara sí que s'havia sentit clarament un soroll com si remenessin papers allà mateix, al seu costat. Després va parar, i després va tornar-hi amb més força.

—Què deu ser? —va preguntar-li fluixet, fluixet, la Bruna.

—No ho sé.

Llavors una cosa inquieta, bellugadissa, va passar-los pel damunt de les cames.

—Aaaahhhh! —van cridar tots dos incorporant-se.

—Què és? —preguntava ella angoixada.

—No ho sé, potser són rates.

—Rates? —va saltar ella.

—A les cases de pagès n'hi ha.

—Fugim! Fugim! Només faltaven rates ara!

I tots dos es van posar drets per anar cap on els semblava que hi havia la porta que donava a la cort. Però no van gosar caminar enmig de tanta foscor i de tantes coses com sabien que hi havia per terra.

—Esperem que es faci una mica clar per sortir, no, Bruna? —va suplicar el nen que no sabia què era pitjor, si quedar-se en aquella casa misteriosa, o posar-se a caminar a les palpentes pel bosc i plovent—. A més, potser no són rates —va dir com per tranquil·litzar-se. Però llavors es va adonar que encara era pitjor, perquè si no eren rates, què era? Potser una serp? O qui sap si...

—Bruna.

—Què?

—No res.

El sorollet aquell es va anar repetint d'una manera intermitent, ara aquí, ara allà. Si haguessin pogut saber de què es tractava! En tot cas era una cosa viva que es movia en la foscor i els observava...

I la noia va pensar que no hi podia haver res pitjor que les rates, aquelles rates grosses, peludes i fastigoses. Hauria estat terrible que alguna d'aquelles rates se li enfilés cames amunt. A més, les mossegades de les rates es veu que són tan i tan perilloses, perquè les rates van plenes de microbis i de malalties...

En Sergi va pensar que si eren rates, rai. Va recordar que una vegada n'havia criat a casa, de rates; bé, tampoc no eren rates, eren ratolins blancs d'aquells tan bonics, i se li van morir. El que desesperava era que no se sabia què hi havia, i podien ser tantes coses... I ara no va pensar en l'àvia sinó en totes les pel·lícules de por que havia vist, i a imaginar-se monstres...

AL CAP D'UNA BONA ESTONA el soroll va desaparèixer, fins i tot la pluja va semblar que parava. I els nens es van anar tranquil·litzant.

—Bruna.

—Què?

—Tinc un fred terrible.

—Jo també.

—Vols dir que no ens hauríem hagut de treure la roba molla del damunt?

—I quina roba eixuta t'hauries posat?

—No ho sé, però la mare sempre diu...

Llavors va callar en sec. Va intuir que parlar de les recomanacions que la mare li feia sovint no l'ajudarien a quedar bé davant de la noia.

—Jo el que tinc és gana —va dir ella.

—Mira! —va dir llavors el nen agafant-la fort pel braç.

—Què passa ara? —va saltar ella espantant-se novament.

—Allà, a la finestra, mira, es comença a fer clar.

—Ja era hora.

—Quina hora deu ser? —va fer ell.

—No ho sé, potser les sis, oi?

—D'aquí a una mica sortirem i tornarem amunt pel mateix camí que vam venir. I com que ells també ens deuen estar buscant, aviat ens trobarem —va dir en Sergi més animat.

—I ens donaran un bon esmorzar —va fer la Bruna.

—Sí, i ens podrem canviar la roba i abrigar-nos.

En aquell moment van sentir un lleuger cruiximent de fustes damunt seu, com si alguna cosa es mogués pel pis de dalt. Els nens van quedar altre cop corglaçats, sense gosar ni moure's.

El cruiximent va anar desplaçant-se i van sentir com si arrosseguessin coses.

—Vols dir que hi ha algú?

—No ho sé, però si hi ha algú, per què no responien quan vam cridar?

De sobte alguna porta de dalt va grinyolar com si s'obrís, i de mica en mica un soroll de fregadís va començar a baixar per les escales.

—Està baixant algú. Anem! Anem! —va saltar en Sergi descontrolat.

—Espera't un moment, a veure si...

La fressa d'uns peus arrossegant-se pels

graons es va anar fent cada cop més propera fins que...

Llavors sí, primer va ser una llumeta pàl·lida i insegura, que il·luminava tènuement l'escala, i després... Quan va veure la figura que baixava, la nena va xisclar i en Sergi va saltar cap a la porta. Però no van aconseguir arribar-hi. Un banc bolcat a terra, contra el qual ja havien ensopegat abans, els va barrar el pas i tots dos van caure fent un gran terrabastall.

En Sergi s'havia clavat un cop tan fort a la canyella que li semblava que s'havia trencat la cama.

De terra estant, tots dos es van girar cap a la figura que baixava l'escala i van quedar petrificats de por, amb massa por per intentar tornar-se a aixecar i arrencar a córrer. Així és que es van anar arraulint, arraulint, allà on havien caigut, entre el banc i altres fustes.

Què era allò? Era una cosa semblant a un home, però no era un home, era un fantasma que, sense fer ni el més mínim cas de tot el soroll que havien fet els nens en caure, anava baixant lentament, impassiblement, ara un pas, ara un altre. Duia la mà dreta estesa cap endavant, i de la mateixa mà, de la conca de la mateixa mà, li sortia una petita claror tremolosa que li il·luminava totes les faccions des de sota. Aquella cara tota plena de llums i ombres inversemblants produïa una sensació angoixant, terrible. Però la llumeta era tan pàl·lida que la figura ni tan sols projectava ombra a la paret.

I va arribar a baix de tot. Aleshores els nens van poder observar-la amb més detall. Aquella mena d'home anava encongit, i tenia unes faccions informes, peludes i arrugades.

La figura misteriosa va anar passant entre les fustes de terra i els bancs i va anar cap a la llar de foc. Llavors els nens van poder comprovar que allò que duia a la mà era un minúscul llumet d'oli que feia una flameta oscil·lant. Tan petita que amb prou feines il·luminava un metre al voltant. Per això aquella mena d'home no els havia descobert. I ells havien quedat estirats a terra sense ni gosar respirar per no fer soroll.

La figura va deixar la petita llàntia d'oli a terra i amb les mans va enretirar la cendra que hi havia a la llar. Després es va girar i de quatre grapes va anar recollint papers, palla i fustes que hi havia per terra i ho va amuntegar enmig de la llar. Els nens s'ho miraven esglaiats, però sense moure's, tot i que en Sergi sentia una necessitat enorme de fregar-se el lloc de la cama on s'havia donat el cop.

Aquella mena d'home es va ajupir damunt la llar i tot va tornar a quedar a les fosques; amb tot, pels vidres de la finestra començava a entrar la tènue llum de l'albada. Van començar a passar els segons i en Sergi va pensar que potser aquell era un bon moment per fugir. No sabia què havia de fer: si decidir-se a estirar la mà per avisar la Bruna i intentar arribar amb quatre salts a la porta, o esperar-se una mica més a veure si trobaven una ocasió millor...

En aquell moment es va sentir un soroll de petits espetecs i una claror va omplir la llar de foc marcant ben bé a contrallum la silueta d'aquella persona ajupida. Havia encès el foc amb la llàntia.

El cor d'en Sergi es va accelerar amb força. Si il·luminava l'estança els descobriria. Calia fugir en aquell moment, quan aquell ésser estava agenollat donant-los l'esquena i entretingut posant branquillons a les flames. Va allargar la mà i va sacsejar la Bruna, que es va estremir tota. Ell es va mig incorporar, però la nena estava tan morta de por que no es volia donar per entesa. El noi va sacsejar-la amb més força encara, fins que va agafar-la pel braç i l'hi va pessigar per fer-la reaccionar. Finalment la nena també es va incorporar, però no van ser a temps d'anar cap a la porta, perquè aquella mena d'home es va girar i va començar a agafar fustes i troncs per cremar, i es va anar acostant, acostant...

Com que ara es trobava d'esquena al foc, la cara li quedava completament a les fosques, i els nens, tot i que el tenien tan a prop, no sabien quina cara feia, ni si se'ls estava mirant. Però sentien el seu respirar feixuc allà a tocar... Allò de no veure-li la cara encara els inquietava més.

Tot d'una, les flames van créixer i van il·luminar millor l'estança: algun grapat de palla fins aquell moment encara intocat i que ara es consumia precipitadament. Aquella figura va quedar quieta, a prop dels nens, quieta. De cop va aixecar-se tot saltant enrere i llençant un crit esgarrifós. Els nens van sentir que la sang se'ls glaçava a les venes: els havia descobert. Ells també es van incorporar d'una revolada.

Aquella mena d'home, tot cridant com un boig, va córrer cap a la porta i va sortir a la cort.

Els nens van quedar desconcertats. Si aquella mena d'home havia corregut cap a la cort, els barrava el pas cap a aquella direcció, cap a la sortida... O potser no, potser també s'havia espantat, potser... No van ser a temps de pensar gaire, a la cort es va sentir un renou de fustes i ferros, i uns instants més tard aquella mena d'home va tornar a entrar en aquella habitació gran on es trobaven. Duia alguna cosa a la mà, alguna cosa llarga que no acabaven de...

—Malparits! Us mataré a tots! Fora d'aquí! FORA!

El cor dels nens va bategar amb tanta força dins del seu pit que els va semblar que rebentaria. Aquella mena d'home duia una destral enorme a la mà i va començar a donar cops de destral a tort i a dret intentant decapitar-los.

En Sergi i la Bruna van saltar enrere

instintivament. Ella es va posar a xisclar atemorida.

—Bruna! No t'aturis! Correm! —va cridar ell reculant i reculant.

Però correm cap a on? A la sortida de la cort no hi podien arribar, aquell monstre els barrava el pas. Van mirar a tot arreu. Van descobrir en un costat d'aquell ampli menjador una porta de fusta, ara visible gràcies a les flames de la llar, que omplien l'estança de llum i ombres canviants.

Hi van córrer i van empènyer la porta. Res, era tancada amb pany.

—MALPARITS! —van sentir darrere seu, mentre un cop de destral donat contra la paret n'arrencava espurnes a dos pams de la cara de la Bruna.

Van recular més i més. Allò no tenia sortida. Només... només aquella escala que pujava al pis de dalt, d'on havia baixat el monstre. Però...

En Sergi va quedar plantat al peu de l'escala mirant amunt sense gosar pujar, però la Bruna el va empènyer:

—Que ve! Que ve!

—No m'ho prendreu! No m'ho prendreu! Abans us esberlaré el cap a tots! —va cridar aquell ésser diabòlic brandant la destral.

Els nens van córrer escales amunt, cap a la foscor més absoluta, enmig del grinyoleig estrepitós de les fustes corcades dels graons. En Sergi, que anava al davant, va topar amb una porta al final de l'escala. Encara es va girar un instant abans d'empènyer-la. La Bruna se li va tirar al damunt. Al seu darrere, el dring metàl·lic de la fulla de la destral picant a banda i banda les estretes parets de l'escala, el va acabar de decidir. I la porta, gruixuda, es va obrir de bat a bat.

No es veia res. On eren? Allò eren les habitacions de dalt, però com eren? On havien de posar els peus? Cap a on havien de fugir? ¿I si volent escapar-se d'aquell monstre que pujava les escales per tallar-los el cap, anaven a parar a les urpes d'altres monstres pitjors que vivien allà dalt?

En Sergi va donar apressadament unes quantes passes enmig de la foscor fins que es va clavar un altre cop fort al genoll de la mateixa cama que ja tenia ressentida d'abans. Just en aquell mateix instant, la pesada porta de fusta es tancava darrere seu amb violència. Immediatament va sentir el soroll d'algú que passava la balda. El noi, amb la cama adolorida com duia, convençut que havien quedat atrapats allà i incapaç de prendre cap nova iniciativa, es va deixar caure a terra en un darrer intent de protegir-se enmig de la foscor.

—Sergi! —va sentir que cridava la Bruna—. Sergi, on ets?

Llavors ell va obrir la boca per avisar la seva amiga: «Sóc aquí, Bruna, vés amb compte que hi ha un moble; no et facis mal com me n'he tornat a fer jo...». Però no va dir res, no va poder, la por el va paralitzar, la por a ser descobert a través de les seves paraules, de la seva veu. No va dir res. Es va amagar en la foscor tot esperant d'un moment a l'altre sentir el crit de la Bruna, atrapada finalment pel monstre i decapitada...

EN AQUELL MOMENT va sentir que li trepitjaven la mà i que un cos li queia al damunt. Va tancar els ulls, tot i que no es veia res, va tancar els ulls. Va pensar que el monstre l'havia descobert. Llavors unes mans li van palpar la cara. Però la veu de la Bruna el va tranquil·litzar.

—Ets tu, Sergi, ets tu? Què hi fas, aquí terra?

—Caaallaaa, que ens descobrirà —va dir agafant la noia com per fer-la estar quieta.

—Si he tancat la porta... —va respondre ella.

Així, era ella qui havia tancat la porta al monstre? Com per confirmar-ho, en aquell mateix instant algú va començar a empènyer la porta furiosament i a clavar-hi puntades de peu.

—Obriu! Malparits! Obriu! Això és casa meva! Sentiu? Us tallaré el cap a tots... Ja veureu si la faré saltar, la balda.

I va començar a ventar cops de destral contra la porta, que trontollava sorollosament.

Els nens es van posar drets agafats l'un amb l'altre.

—Vols dir que la farà caure? —va preguntar la nena ansiosa.

—La porta potser no, però la balda potser sí —va dir ell a poc a poc.

—I què fem?

En Sergi va estar uns instants sense respondre, com si pensés, després va dir:

—Posarem coses darrere la porta perquè no la pugui obrir. Ajuda'm, per aquí davant hi ha una caixa o no sé què.

Ella va allargar les mans endavant.

—Ja ho tinc. És un llit.

—Doncs jo m'hi he clavat un cop molt fort. Mirem d'arrossegar-lo fins a la porta.

A les palpentes van passar a l'altra banda del llit i van empènyer amb força. Però allò pesava una cosa de no dir, a més, el terra no era llis, semblava que hi havia rajoles aixecades, i el llit no corria. Mentre, el monstre continuava colpejant la porta... La balda no trigaria a saltar.

Aleshores la Bruna es va adonar d'un filet de llum vertical, d'un metre de llargada, no gaire lluny d'on ella era. S'hi va anar acostant a poc a poc... Allò era... va avançar les mans. Allò era una finestra.

Es va agafar al porticó i el va obrir d'una bursada. Un retall de cel gris pàl·lid de dia ennuvolat que naixia va aparèixer als seus ulls assedegats de llum. Ja no plovia. L'estança també és va il·luminar lleugerament i els mobles i els objectes van adquirir cos i perfil incipients.

Tots dos es van girar cap a la porta, que ara el monstre volia abatre a cops de destral. Però la Bruna va xisclar horroritzada, i en Sergi no ho va fer, perquè la veu se li va glaçar a la mateixa gorja. No estaven sols. Allà a la penombra, al costat d'aquell enorme llit de fusta que no havien pogut arrossegar, uns éssers fantasmagòrics es movien. Sortien d'una porta d'aquell racó fosc. Instintivament els nois van córrer cap a la finestra. Els fantasmes també es van moure violentament.

En aquell moment va saltar la balda de la porta de l'escala i el monstre amb la destral a la mà va entrar a l'habitació. Els nens van córrer cap al costat oposat. Els fantasmes van desaparèixer. El monstre s'acostava. En aquell racó on eren ara els nois, hi havia una altra porta. Hi hagués el que hi hagués a l'altra banda, tant era, no tenien cap altra alternativa. Van empènyer la porta i es va obrir.

A l'altra banda hi havia una altra habitació, il·luminada per una finestra mig oberta, plena de teranyines, però sense cap moble, sense res, sense ningú. Es van girar ràpidament per tancar la nova porta amb una altra balda, o forrellat, o el que fos, però que no hi havia res per tancar-la, res. Era una porta prima i molt feta malbé, i no podia tancar-se amb res. Els nens es van mirar en silenci. Darrere la porta se sentien les passes del monstre que avançava.

Els nens es van tornar a girar i van observar amb atenció l'habitació on ara es trobaven. Allò era una ratera sense sortida. En Sergi va córrer cap a la finestra. Però abans d'arribar-hi, el sòl, fet de fustes, va cedir i ell va caure de genolls. Va incorporar-se. Tot aquell terra era podrit. La fusta que havia trepitjat havia caigut i ara es veia la negror absoluta de l'habitació de sota. Com que en caure trossos de fustes, havia quedat una part de biga al descobert, en Sergi va col·locar-se damunt de la biga. Aleshores es va tombar cap a la Bruna, que no gosava moure's.

—Bruna, posa els peus damunt de les bigues, perquè les fustes són podrides.

La noia va temptejar amb el peu. Tot cruixia. Ella no gosava avançar. Tot d'una, darrere seu la porta es va obrir d'una empenta. El monstre era allà a tocar. En Sergi va córrer cap a la finestra. La Bruna, procurant posar els peus on els havia col·locat el noi, va córrer darrere d'ell. Van obrir la finestra i van mirar avall. Hi havia una altura considerable fins a terra, prou com per trencar-se les cames, i si queien malament, el coll i tot. En Sergi es va enfilar a l'ampit i s'hi va arrupir. La nena se'l va mirar desencaixada:

—Jo no salto, Sergi, és massa alt.

—És que si saltéssim podríem córrer fins al camí i ens podríem escapar —va dir ell, però sense gosar tampoc llançar-se al buit.

Potser, va pensar el noi, si es penjava per la banda de fora agafat pels dits a l'ampit de la finestra, no quedaria a tanta altura i la caiguda... O potser podria ficar els peus entre les juntes de les pedres de la façana i podria baixar un bon tros avall... O potser si es llançava tot flexionant les cames no...

La nena, amb els ulls desesperadament oberts, el va agafar pel braç.

—Jo no salto, Sergi.

En aquell precís instant, darrere seu es va sentir un cruiximent molt fort i un crit de terror. Un bon tros d'habitació va anar avall. El sòl havia cedit i el monstre havia caigut al pis de sota.

Després d'aquell crit i del cop sec que va seguir-lo, un gran silenci es va escampar per tota la casa. En Sergi havia quedat cama aquí, cama allà damunt de la finestra, i la nena, abraçada a l'ampit amb les cames penjant en el buit, ja que fins i tot algunes de les bigues s'havien trencat i havien caigut avall arrossegant-ho tot amb elles.

En Sergi va agafar la Bruna per sota el braç i va ajudar-la a enfilar-se com ell a la finestra. Van anar passant els minuts. Res, absolutament res. No se sentia cap soroll. Enmig d'aquell silenci, ni ells mateixos no gosaven dir res. Estaven massa cansats per parlar, massa esporuguits encara. Només miraven cap avall, cap a l'habitació on havien anat a parar les bigues caigudes, les fustes podrides, aquella mena d'home estrany, feréstec, assassí. Miraven i escoltaven... però, res.

Finalment, la Bruna va dir:

—I les altres persones que hi ha a l'habitació del costat?

—No ho sé, encara hi deuen ser, suposo —va respondre ell a poc a poc.

—Però per què no diuen res? Per què no treuen el cap per la porta, amb tot aquest terrabastall que hi ha hagut?

—No ho sé... Potser és que no ho són, de persones?

—I doncs si no són persones, què poden ser?

—No ho sé, noia. Però no trobes estrany que no surtin ni diguin res?

—Potser han fugit. —I al cap d'una estona va afegir—: Potser també tenien por i han fugit.

—Però por de qui, de nosaltres? —va fer ell estranyat.

—Jo què sé. Potser sí. Vam entrar a l'habitació d'aquella manera...

—I com volies que hi entréssim, si ens empaitava aquell home amb una destral...

—Però, era un home?

En Sergi se la va mirar una estona en silenci.

—Com vols dir? A mi em sembla que sí que era un home.

—Doncs quin home més estrany —va continuar la Bruna—. Per què no ens va obrir quan vam arribar i vam cridar?, i, per què no va baixar quan vam fer aquell soroll a baix?

—Això rai! Per què ens volia matar? Quin mal li havíem fet?

Van callar una bona estona. Després la Bruna va afegir:

—Es deu haver matat?

—No se sent res.

I van estar-se una altra estona en silenci, escoltant amb una gran atenció. Tot l'aire s'havia omplert de cants d'ocells que saludaven aquell nou dia humit i boirós. La claror, els cants monòtons i incansables i aquella visió del bosc i del cel van acabar tranquil·litzant-los.

—Tinc una gana... —va dir ella.

—I jo, fred —va afegir en Sergi. I al cap d'uns instants—: Hauríem de baixar d'aquí, Bruna. No ens hi podem estar tot el dia, enfilats en aquesta finestra.

La nena va mirar avall, cap a l'exterior. Hi havia una altura considerable. No era fàcil saltar per allà.

—Per on vols baixar?

—Haurem de tornar a entrar a la casa i sortir per allà on vam entrar.

—Ni t'ho pensis. Jo no torno a ficar els peus en aquesta casa ni per tot l'or del món —va saltar la Bruna—. M'esperaré aquí, asseguda a la finestra fins que ens vinguin a buscar.

En Sergi va estar una llarga estona callat, després va dir lentament:

—I si no ens vénen a buscar?

—Però, com vols que no ens vinguin a buscar? Quan vegin que no som a cap dels dos grups ens buscaran i ens trobaran. Vaja quina una l'Eulàlia...

—Sí, però pot ser que no es reagrupin fins demà i haguem de passar tota una altra nit aquí, a la finestra, i amb la roba molla al damunt, llavors sí que ens moriríem.

La nena va quedar tota preocupada. Al cap d'una estona va dir:

—Esperem-nos unes tres hores, si no ens vénen a buscar ja veurem què fem.

En Sergi no va respondre. Els minuts van començar a passar. Estaven asseguts d'una manera incòmoda, i per més que anessin canviant la posició de les cames tot el cos se'ls anava adolorint.

Tant l'un com l'altre van començar a pensar en el valor de les coses de cada dia que ara no tenien i que necessitaven. El valor del menjar, d'un bon esmorzar de torrades amb mantega i un bol de cafè amb llet... El coixí, els llençols, el llit, la roba, els mitjons...

—Atttxxiiís! —va esternudar en Sergi—. Merda, ja! Ara si que ja...

...els mocadors..., totes les coses que tenia a la casa de colònies..., totes les comoditats que tenia a casa..., totes les seves coses...

LA BRUNA va pensar en com li agradaria ara poder tenir la mare al costat per poder abraçar-la i explicar-li com era de terrible tot allò que els estava passant... I la mare l'hauria abraçada i l'hauria abrigada i li hauria donat un bon esmorzar... I li hauria dit que no patís... Tot i que la mare era tan estranya que no s'hi podia parlar de gaires coses... només obsessionada perquè ella estudiés força i, sobretot, que mengés més, que estava molt prima, i que vigilés les amistats i la gent que trobava pel carrer, perquè «Ai filla! Se senten a dir tantes coses...», com sempre deia... Maniàtica!, perquè ella ja se sabia protegir prou, i ja sabia prou què li convenia i què no li convenia. I tot era per la por a les drogues, com si ella no fos ja prou assenyada...

En Sergi també va pensar en la mare, i en el pare, i en com li agradaria ser a casa amb ells, i veure els programes de la tele... Avui què érem, dilluns?, no, dimarts... O sigui que avui al vespre farien aquella pel·lícula de la galàxia Andròmeda tan guai... Però en qui més va pensar va ser en el doctor Lloveres, perquè el doctor Lloveres l'hauria de visitar, segur, després del refredat que havia agafat amb aquella mullena... Ara que hi havia llum de dia i s'hi veien era molt diferent d'abans... Quan era tot fosc, sí que feia por, oh!... I l'Eulàlia? Què devien estar fent ara l'Eulàlia i en Miquel i la Carme i tota la colla? Ja els devien estar buscant? Segur que tota la colla devien haver format grups per trobar-los. Se'ls acudiria baixar per aquell camí que havien agafat ells? I si els buscaven durant dies i no els trobaven mai més?... No podia ser, si no els trobaven de seguida els buscaria la policia amb gossos, o si no, amb helicòpters, però segur que els trobarien... Però, i si quan els trobessin ja els trobessin morts, de gana, de fred, o assassinats per tota aquella colla de fantasmes?... Realment, què era aquella casa? Qui eren els que hi vivien?...

En aquell moment es va sentir un gemec. Els nens es van sotraguejar de por mentre clavaven els ulls de l'un en els de l'altre. No van gosar dir res; només van parar l'orella intentant descobrir un nou soroll, un nou indici que els confirmés allò que havien sentit. Al cap d'uns instants es va sentir un nou lament, una queixa d'algú que estigués patint... Van mirar cap avall, cap al forat que havia quedat al sòl de l'habitació quan havia cedit sota el pes d'aquella mena d'home.

—El monstre! —va dir fluixet la Bruna—. És viu! Sents?

Van estar escoltant sense gosar ni respirar per no fer soroll.

D'una forma intermitent aquell lament s'anava repetint.

—Està ferit —va dir la Bruna—. Què fem?

—Què vols fer?

—No, no vull fer res, però està patint molt.

—Ja ho sé —va afegir el noi desconcertat.

Van passar els minuts lentament. Al cap de mitja hora aquell crit de dolor persistent se'ls va acabar fent insuportable, absolutament insuportable. Haurien donat qualsevol cosa per deixar de sentir-lo, per tornar a recuperar el silenci espurnejat de cants d'ocells com abans... Però no: fluix, de vegades gairebé imperceptible, el plany de dolor es repetia i es repetia i es repetia d'una forma obsessiva.

Els nois van acabar perdent la poca serenitat que els quedava. I en Sergi, que mirava cap avall, cap a l'era, com si estigués hipnotitzat, va acabar incorporant-se d'una revolada.

—Bruna, anem-nos-en d'aquí, sents? Anem-nos-en!

Ella, talment com si l'haguessin punxada amb una agulla, també va arronsar les cames i es va posar ajupida a la gatzoneta a l'ampit de la finestra. Però ja no va ser a temps ni de preguntar a en Sergi com pensava sortir d'allà, perquè ell es va abocar a fora de la finestra i, aguantant-se fort amb els dits al marc de pedra, es va deixar anar relliscant paret avall mentre amb els peus intentava trobar alguna pedra sortint on estintolar-se. Va trobar petites escletxes, però tant era, havia de deixar-se anar de les mans... i ho va fer.

Va caure de peus des d'una altura d'uns sis metres. Però va caure bé, va saber flexionar els peus i després les cames, i quan el cul li va tocar a terra la caiguda ja estava molt esmorteïda. Ràpidament es va aixecar, es va espolsar les mans i va cridar a la nena:

—Va, Bruna, salta!

Ella estava esgarrifada, saltar des d'aquella altura li semblava impossible, es mataria, es trencaria el coll o, pel cap baix, una cama. Va empal·lidir:

—No puc! Que no ho veus que no puc saltar de tan alt?

—Va, dona! Salta, que hem de fugir i buscar ajuda.

—No puc! —la Bruna va sentir que li

agafaven unes ganes terribles de plorar. I com més insistia ell, més ràbia li agafava.

Al cap d'una estona en Sergi estava histèric:

—BRUNA! Vols saltar d'una vegada, ja?

—No salto, i prou! —va dir ella tot seient a l'ampit.

—Doncs espera'm aquí, perquè jo me'n vaig a buscar ajuda —va dir el noi convençut i va començar a allunyar-se.

La Bruna va mirar enrere, just acabava de sentir-se un altre d'aquells laments intermitents. Va pensar que si es quedava sola allà es moriria. Potser no li quedava altre remei que saltar, però...

—Espera'm! Almenys el que podries fer és entomar-me, no?

I com havia fet ell, es va deixar anar paret avall mentre es subjectava amb les mans a la vora de la finestra. En Sergi va tornar corrents, i des de baix no parava de donar instruccions.

—Posa el peu dret una mica més avall, que trobaràs una pedra... No, més avall. Ara deixa anar la mà dreta i ja veuràs com més avall trobaràs una escletxa, llavors quan t'hagis agafat fort amb la mà dreta deixa't anar de la mà esquerra i... No, més a la teva dreta... No, més amunt... Aaaara, no més...

No va poder acabar, la Bruna va caure i va donar-li una empenta que el va fer caure a ell i tot. Tots dos es van incorporar de seguida.

—T'has fet mal? —va dir-li ell.

—No —va fer ella fregant-se el cul amb les mans.

—Ja t'ho deia jo.

—Em feia por, què vols que t'hi digui. És molt alt.

—Va, anem!

I van arrencar a córrer pel mateix camí per on havien arribat el dia abans. Quin descans més gran. Tanta por que havien passat en aquella casa, i ja n'eren fora. Semblava que no podia ser. Oooohh...

L'herba era ben molla i en Sergi va notar que les vambes se li tornaven a humitejar, i, preocupat, va exclamar:

—Ostres noi! No acabarem mai!

PERÒ JA EREN cada cop més lluny de la casa, ja havien arribat al camp, ja l'havien travessat, ja eren al camí més ample... Ara res ja no tenia importància. Només era qüestió de córrer i córrer fins a trobar algú i avisar de tot el que havia succeït allà, dir que hi havia un boig, o un monstre assassí que els havia volgut matar a cops de destral, i que tot i que ara estava ferit era molt perillós i...

En aquell moment van sentir de lluny el soroll d'un cotxe que s'acostava. Curiosament, van sentir una mena de barreja entre l'alegria de saber que hi havia algú allà a prop que podria ajudar-los i el temor de pensar que potser encara un nou perill els assaltaria... Perquè, a veure: qui podia circular per un camí tan estret i abandonat com aquell i dirigir-se a una casa tan estranya com la que havien trobat?

Tots dos es van aturar. En Sergi fins i tot va iniciar un moviment instintiu com de deixar el camí i amagar-se entre les mates de gòdua de les vores.

Havien passat massa coses aquella nit,

dins d'aquella casa, com perquè no sentissin dintre seu el dolor del dubte i la malfiança.

Estaven quiets, immòbils. El soroll del cotxe havia desaparegut totalment. Potser era més lluny que no es pensaven, potser ni tan sols passava per aquell camí. Llavors es van inquietar; la por els va desaparèixer de cop i van començar a patir perquè l'esperança de trobar algú que pogués ajudar-los semblava que s'havia evaporat. Res, no se sentia res. Quina cosa més terrible, van pensar. Només el soroll dels ocells fent xivarri...

Els segons passaven lentament... Tot d'una van tornar a sentir el soroll del motor, aquest cop més fort, i sense tenir temps ni de decidir si el que els convenia més era fer-se ben visibles o justament amagar-se per no ser descoberts, el cotxe ja era allà, davant d'ells, a la sortida del revolt.

Era un Land-Rover.

Va frenar en sec.

Els nois estaven expectants, de moment no es veia ningú al volant, perquè el vidre brillava i feia de mirall. Què havien de fer?... No gosaven ni respirar.

En aquell moment el cotxe va començar a anar cap a ells suaument, com si l'haguessin desfrenat i es mogués només a causa de la baixada que feia el camí. Es va aturar just al seu costat. Sense gosar acostar-s'hi massa, van mirar a dins amb inquietud: unes mans al volant, una cara... Era un home d'uns trenta anys, amb un bigoti negre i gruixut i barba de dos dies. Anava sol. Els mirava amb estranyesa. Després d'uns instants de silenci la Bruna es va atrevir a dir:

—Bon dia.

—Bon dia —va respondre el conductor.

En sentir-li la veu els nens es van tranquil·litzar, era una veu normal. És clar, com havia de ser?...

—Què hi feu, per aquí? —va preguntar el conductor.

—Ens hem perdut —va saltar ràpidament la Bruna—. Ens estem de colònies a Can Cerdans amb l'escola i ahir anàvem d'excursió des de Can Cerdans i ens vam perdre i...

—Ens vam perdre ahir —va tallar en Sergi—, i hem passat la nit en una casa horrible que hi ha prop d'aquí. —I va assenyalar avall.

—Per què és horrible? —va preguntar el conductor aixecant una cella.

—Perquè hi ha una mena d'home horrorós que ens ha volgut matar.

—Vaja, i «vosatres» què li havíeu fet?, eh?

—Nosaltres no li havíem fet res. Vam entrar a refugiar-nos a la casa perquè plovia i du... —va fer ella sense poder acabar perquè en Sergi la va interrompre.

—I ha caigut al pis de sota perquè s'ha ensorrat la casa i...

—Sí, i es veu que ha pres mal, perquè fa molta estona que es queixa i...

—S'ha ensorrat la casa? Valga'ns Déu! —va cridar el conductor, i va accelerar el jeep, que va sortir disparat. Immediatament, però, es va aturar en sec, i tot traient el cap per la finestra va cridar:

—Que voleu pujar?

Els nens es van mirar l'un a l'altre, tornar a la casa no els feia cap gràcia, però tampoc no es podien quedar sols en aquell camí.

—Després ja us deixaré a Can Cerdans, eh? —va afegir el conductor.

Sense dir-se res van córrer cap al jeep. Van seure al davant, al costat del conductor. Aquest va tornar a arrencar i van tirar avall.

Ni temps van tenir de parlar de res. El tros de bosc, la clariana, un tros més de camí i... El jeep es va aturar quan el camí desapareixia en el camp abandonat.

—Per aquí no m'hi fico, jo... ssstt —va fer el conductor parant el motor i sortint del cotxe—, tot és massa moll i encara ens hi quedaríem enganxats, noooo... Veniu!

I van córrer a peu el tros que els faltava fins a arribar a la casa.

Ara era diferent perquè anaven acompanyats per aquell home, però tot i amb això, en veure de nou la casa, tant en Sergi com la Bruna van notar una profunda angoixa dintre seu. Aquelles parets...

Els nens van escoltar amb atenció, no se sentia res. El conductor va córrer cap a la porta de la cort.

—Aquell home és allà! —va dir la nena assenyalant un dels costats de la casa—. Va caure des de l'habitació de dalt. Però vigili, perquè pot ser perillós!

L'home del jeep va ficar-se a dins de la casa sense prendre cap precaució. Els nois no es van atrevir a seguir-lo. Es van quedar allà a fora la porta, esperant.

Just aleshores, es van sentir uns sorolls que venien de dins de la casa. Com uns cops, com els cops que havien sentit ells a la nit... Van fer unes passes enrere una mica espantats. Un altre cop aquell zic-zic-zic maleït a dins de la casa.

De sobte, per la porta de la cort va sortir una cosa groga que volava, un ocellot immens, com una gallina, que els va passar per damunt dels caps i amb un vol lent, pesat i sorollós va anar a perdre's entre el bosc de davant de la casa.

En Sergi, per protegir-se, s'havia llançat a terra, la nena havia empal·lidit.

—Has vist què era? Has vist què era? —va cridar el noi incorporant-se—. Un ocellot horrorós que vivia a la casa. Això devia ser el que va donar-me aquell cop ahir... Una merda de mussol que...

—No ho era, un mussol —el va interrompre ella—. Els mussols són molt més petits. Que no te'n recordes que ho vam estudiar un dia?

—Doncs si no era un mussol, què era, eh? —va dir el noi una mica picat.

—Una òliba.

—Això era una òliba? Això era una òliba? No em facis riure, dona.

—Doncs si no era una òliba era un gamarús, que també són grossos.

—I què és un gamarús?

—Ooooohhh —va fer ella amb un to com volent dir: «És inútil insistir».

—Eh, digues, saberuda, què és un gamarús?

—Una cosa com ara tu! —va concloure ella.

—Ei! Veniu! —va cridar una veu des de l'altra cantonada de la casa. Era l'home del jeep.

Els nens hi van córrer. La presència d'aquell home jove i valent els donava seguretat. Per això el van seguir, i van entrar a la casa per una porta lateral que ells havien trobat tancada, però que aquell home del bigoti havia obert des de dintre la casa.

TOT ERA MOLT FOSC i van tornar a agafar por. Van travessar una habitació ampla, possiblement una altra cort, i van arribar a una altra habitació il·luminada mínimament per una finestreta lateral i pel mateix sostre, que havia cedit i permetia l'entrada de llum per la finestra de l'habitació de dalt. Runes, bigues ensorrades... i... el cor els va fer un salt: entre les runes, una mà nerviosa i esquelètica, immòbil. El monstre! Eren a l'habitació on havia caigut el monstre.

—Ràpid! Agafeu per aquí —els va ordenar secament l'home del bigoti.

Davant d'aquella ordre tallant els nens van notar que no tenien alternativa; havien d'obeir, amb por o sense. Mira que si aquella mà se'ls agafava a una cama...

—Vinga, va! No us entretingueu —va cridar el del jeep.

—Hi ha altra gent a dalt —va fer el nen intranquil.

—No ho crec pas —va fer l'home.

—Sí, sí —va afegir la nena—, que els vam veure.

—Deixeu-vos de gent de dalt i agafeu la biga. Recoi! —va cridar l'home del bigoti, cada cop més nerviós.

En Sergi i la Bruna, acoquinats, amb uns ulls oberts com taronges, i sense perdre de vista aquella mà erta i la cara que s'endevinava al costat, es van agafar a la biga que assenyalava l'home. Però a dalt hi havia gent, segur!

—Ara, quan jo us digui, mireu d'aixecar-la amb totes les vostres forces tan amunt com pugueu, eh? Va, som-hi. A la una, a les dues, a les... tres!

Els nois van fer tota la força que van poder, però la biga amb prou feines si es va moure. L'home del bigoti estava nerviosíssim i va començar a renegar:

—Maleïda sigui...!

Llavors es va enfilar entre la runa i va enretirar unes fustes de sobre la biga. Amb una de les puntes va fer palanca.

—Vinga! Tornem-hi una altra vegada! Amunt!!!

La biga es va moure cosa d'un pam. Ell va ficar la fusta que duia a la mà a sota la biga i va fer més palanca.

—Amunt! Va! Amunt!

I la biga es va desplaçar cap a la dreta. Ho havien aconseguit!

En moure's la biga van poder veure molt millor la cara del monstre. No hi havia gaire llum, però van veure que era horrible. Tenia els ulls clucs, barbut de dies, amb una cara plena de solcs i arrugues i amb la boca plena de bromera, de sang i de fang. Li faltaven dents, i les que tenia eren fosques i desiguals. Semblava mort... Potser ho era... Sí, potser ho era.

L'home del bigoti es va ajupir i va començar a apartar rajoles de damunt d'aquell cos, els nens el van imitar, vencent la seva angúnia.

La neva va trobar la destral i la va ensenyar a l'home del bigoti.

—Miri, la destral amb què ens volia matar.

Però l'home del bigoti no va fer-li cap cas. Al contrari, es va posar dret d'una revolada i els va ordenar:

—Ara agafeu-lo pels peus, eh?, que hem de treure'l a fora, a l'era.

Els nens no tenien força per discutir-li res. Malgrat el fàstic que sentien, van agafar el vell per un peu cadascun mentre que l'home del bigoti l'agafava per sota les aixelles i l'alçava. El van anar traient. Només quan ja eren gairebé a fora en Sergi va preguntar al del bigoti:

—És mort?

—Encara no.

—Però, qui és aquest home tan horrible? El coneix, vostè?

—Sí.

—Qui és? —va preguntar també la Bruna, confusa.

—El meu pare.

En aquell moment traspassaven la llinda de la porta i el sol va il·luminar-los de ple. En Sergi i la Bruna havien quedat gelats: «El meu pare», «El meu pare», aquelles paraules els retrunyien dins del cervell. Com podia ser aquell monstre horrible i assassí el pare d'aquell home del bigoti, tan... tan normal? No gosaven dir res més... Preguntar res més... Res...

El van estirar a l'herba, molla encara de la pluja de la nit. El cap a l'ombra, el cos al sol. L'home del bigoti se li va ajupir damunt i amb una mà passada per darrere el clatell li va aixecar suaument el cap, mentre que amb l'altra mà lliure li amanyagava tendrament la cara.

—PARE, EM SENTIU? PARE, SÓC JO, EN JAUME! EM SENTIU? va dir cridant-li fort.

Els nens estaven silenciosos i emocionats. Es devia haver mort aquell vell? Potser ells l'haurien pogut ajudar abans, però com...? I per què li cridava tant el seu fill?

L'home del bigoti va deixar el cap del seu pare repenjat a l'herba i va córrer a xopar un mocador que es va treure de la butxaca en un dels molts bassals que en el camí aguantaven la pluja passada. Amb aquell mocador moll va rentar-li la cara de sang i va refrescar-lo. Tothom estava pendent d'aquella cara vella i arrugada... I de cop, d'aquella boca sense dents en va tornar a sortir un tènue gemec. Quin descans! En Sergi i la Bruna van notar que la tensió que sentien s'afluixava.

—PARE, EM SENTIU? SÓC EN JAUME! —va tornar a cridar fort l'home del bigoti.

—Aaaaahh... —va fer dèbilment el vell, i va obrir els ulls.

—PARE, NO PATIU, ARA US DURÉ A CASA! —va cridar l'home.

—Que ets en Jaumet? —va fer el vell molt, molt fluix.

—SÍ, SÓC JO!

—Vigila, Jaumet, que han entrat lladres a casa... Sort que jo els he espantat amb la destral...

—ON US FA MAL?

—Queeè?

—QUE DIC QUE ON US FA MAL!

ELS NENS començaven a comprendre coses: aquell vell era completament sord, per això no va sentir-los quan ells van arribar a la casa i van cridar, ni quan van caure i van fer tant de soroll.

El vell no va respondre, però els seus ullets tèrbols van descobrir la Bruna i en Sergi i se'ls va mirar amb molta atenció. Finalment va dir a l'home del bigoti:

—¿Que són els teus vailets, aquests?

—NO, PARE, SÓN UNS NENS QUE S'HAN PERDUT!!

—Qui?

—UNS NENS QUE S'HAN PERDUT!!! CONXU, JA!!

El vell se'ls mirava, sobretot la Bruna.

—Aquesta és la teva pubilla?

—QUE US DIC QUE NO! —cridava el seu fill.

—I doncs, per què no em ve a veure mai?

—BÉ, BÉ, JA US VINDRÀ A VEURE. ARA HEM DE MIRAR SI TENIU RES TRENCAT, I SI NO, US DURÉ AMB EL COTXE A CASA.

Li va fer moure braços i cames.

—¿QUE US FA MAL L'ESQUENA?!!!

—El peu, em fa mal.

Li va mirar el peu.

—EM SEMBLA QUE EL TENIU TRENCAT.

I llavors, amb molt de compte, va agafar el vell d'un braçat i es va posar a caminar cap a on havien deixat el cotxe.

Abans de perdre de vista la casa en Sergi li va dir:

—A dalt vam veure-hi gent.

—Però qui vols que hi hagi, a dalt, si aquesta casa la tenim abandonada de fa anys?

—Doncs la Bruna i jo vam veure unes persones quan vam entrar a l'habitació de dalt.

—I com eren aquestes persones? —va demanar en Jaume.

—No les vam veure bé.

—Coi de vailet. Poc que hi he vist ningú quan he entrat. Vols dir que no us vau enganyar amb el mirall?

—Quin mirall? —va dir en Sergi.

—La lluna de l'armari.

—La lluna de l'armari?

—Sí, al costat del llit hi ha un armari mirall. Potser us hi vau veure reflectits i us vau pensar que eren uns altres.

Encara en Sergi es va tombar per mirar amb atenció la finestra de l'habitació del llit gran. Potser en Jaume tenia raó i s'havien confós amb un mirall, però ell, en Sergi, no se'n fiava i va pensar que potser encara veuria algú a la finestra que sortiria a mirar com ells s'allunyaven, però no va veure res... Un instant després, la casa desapareixia entre els arbres.

Caminant a poc a poc en Jaume va dur el seu pare fins al cotxe. Els nens el seguien pensatius.

—Obriu-me la porta del darrere —va dir-los.

Aquests ho van fer i en Jaume va acomodar el seu pare estirat al seient.

—Algú l'hauria d'aguantar perquè no es sacsegés massa ni caigués en algun sotrac.

—Ja aguantaré jo —va fer la Bruna tot pujant darrere.

—Va, anem! Puja! —va fer l'home a en Sergi.

Aquest va pujar al seient del davant. I el cotxe va maniobrar per donar la volta i va tirar camí amunt.

—Què va passar ahir aquí? —va demanar pel camí en Jaume a en Sergi.

—Ens estem de colònies a Can Cerdans.

Ahir anàvem d'excursió al Pic dels Tres Bessons...

—I va ploure... —va interrompre la Bruna, que també ho volia explicar.

—... i quan es va posar a ploure ens vam separar del grup amb els que anàvem i no vam saber trobar els de l'altre grup que pujava darrere, i ens vam perdre, i vinga caminar i caminar...

—Molt, molt vam caminar, ja no podíem més.

—Ja us vau embolicar prou —va interrompre en Jaume—, us vau equivocar de barranc.

—Pensi que hi havia molta boira i no es veia res. De nit vam arribar a aquesta casa, vam cridar, però com que ningú no ens va respondre, vam entrar a dins, i hi havia com uns fantasmes que van començar a donar cops pertot arreu, a mi me'n van donar un a la cara.

—Però, com vols dir, fantasmes? —va fer en Jaume estranyat.

—Potser era aquella òliba que hem vist —va interrompre la Bruna, potser una mica avergonyida de tota la por que havien passat.

—No era una òliba, allò —va tallar el

noi—. A més, no sabem si va ser aquella bèstia o no...

—Bé, però el pare?... —va fer en Jaume.

—Va ser després que...

Però el noi no va poder acabar perquè la Bruna va tapar-lo:

—Quan ja es feia de dia el seu pare va baixar de l'habitació de dalt per fer foc i ens va descobrir i llavors ens va empaitar amb una destral per matar-nos.

—Es va pensar que éreu lladres i li volíeu robar —va dir en Jaume—. Només us volia fer fora de la casa.

—Sí, però si ens arriba a enxampar... —va fer la Bruna.

—Com que fugíem d'ell vam pujar a l'habitació de dalt, i...

—I tu vas caure...

—... hi vam veure unes persones que es movien.

—Sí —va assentir ella.

—Però, com eren? —va demanar en Jaume.

—No es veien gaire bé, perquè hi havia molt poca llum, però...

—Van fugir... —anava intervenint ella.

—... van fugir, i nosaltres vam córrer cap a l'habitació del costat. Llavors va ar-

ribar el seu pare, que ens empaitava amb la destral...

—I ens volia tallar el cap...

—... i amb el seu pes tot el pis va cedir. Nosaltres no vam caure perquè...

—Ens vam enfilar a la finestra...

—... ja havíem arribat a la finestra i ens hi vam enfilar —va acabar en Sergi.

—Jo sí que vaig estar a punt de caure i...

—Sí, però no vas caure perquè jo et vaig agafar.

—Va ser horrorós —encara va dir la nena.

—I després es queixava...

Aleshores es va produir un silenci només trencat pel rondineig del motor del cotxe. Al cap d'uns instants en Jaume va dir baixet:

—Pobre pare...

Van tornar a callar immersos en els seus records i els seus pensaments. Fins que la nena va preguntar:

—Però oi que vostès no hi viuen, a la casa?

—No, ja fa anys que no... Potser sis o set ja en fa... potser sí... S'hi havien de fer moltes obres, sobretot al teulat; s'havia de fer tot nou. Molts calés, vet-ho aquí! I a més, que fer de pagès no dóna, nois, què us penseu? I aquí a muntanya, misèria i companyia!... Ja t'ho asseguro... Vam anar a viure tots a Sant Hilari, i el germà i jo ens hi vam posar a fer de paleta. Però el pare poc que s'hi volia estar, a Sant Hilari. I es va anar trastocant i trastocant, i a la que badàvem se'n tornava al mas, i va començar que no volia deixar-lo de cap de les maneres. Que si hi havia nascut, que ja hi havia nascut el seu rebesavi, que ves què hi feia ell a Sant Hilari... I no hi va haver manera de «convence'l». Quan ja érem a Sant Hilari ell tornava aquí i volia menar les terres tot sol... Quina cosa... Es va ben trastocar, pobric... —I llavors girant-se cap a la Bruna—: Què fa ara?

—Sembla tranquil... i em mira.

—Ves quins nassos! Ara es pensa que ets la Maria, la seva néta, la nena. Com hi ha món!... Com que amb prou feines si l'ha vista, la nena...

—No ha vist la seva néta? —va fer la Bruna, estranyada.

—Nooo... perquè cada vegada estava pitjor, i quan el veníem a buscar aquí per tornar-lo a dur a la casa de Sant Hilari, eh?, no ens volia seguir, i ens amenaçava; es pensava que li volíem prendre la casa... Oh!... Un dia va voler estovar la mare... Pobrica, la mare sí que hi va patir amb tota aquesta història del pare... ja, ja... Com que, a més, d'això... sordejava tant, eh?, desconfiava de tothom... Sí, ves, pobre home...

En Jaume no va respondre, però, la pregunta. Llavors es va produir un llarg silenci. A mesura que el jeep pujava per aquells camins els nois van fer-se càrrec de tot el que havien caminat perduts el dia abans. El dia s'havia anat aclarint completament i lluïa blau i serè. Els boscos rentats de cara i il·luminats pel sol es veien esplendorosos.

—ARA ON ANEM? —va preguntar en Sergi.

—Us deixaré a Can Cerdans i aniré a dur el pare a Sant Hilari, eh?, que el vegi el metge. I després avisaré els del sanatori, que el vinguin a recollir amb una ambulància... el duran millor... Això si ja funcionen els telèfons, eh?... Quina merda de país! Aquí a la que cauen quatre gotes ja quedes incomunicat. Qui els va fer! Ara, els impostos paga'ls tots, eh?, que si no...

—Al sanatori? —va exclamar la Bruna.

—Sí... Vam acabar havent-lo de tancar en un sanatori mental de Granollers... El que vam trobar més a prop. Què voleu? A casa no el podíem tenir, pobric, només volia tornar al mas i vinga i vinga... I mal viure que ens donava... eh?... La mare... Oh, i aquí, encara hauria acabat prenent-hi mal, com al capdavall ha passat, conxu d'home! Mira que li vam dir i dir, eh?, però res, tossut com una banya de marrà... I és que ja no hi tocava... És trist... I llest com una mostela que era... I ara, quan el veus... Fa una cosa... Sí, quan et falla el cap... A més a més, si quan en vam marxar ja fa anys, eh?, la casa ja estava malament, eh?, imagineu-vos ara!, amb el teulat fet malbé... els degoters han acabat podrint les bigues de l'habitació d'en Quico..., ja es veia a venir. I ara, què us penseu?, d'aquí a quatre dies tota la casa caurà... Malaguanyada!

—Quin greu, oi?

—Sí, què «vos»?, els quartos que costaria «arreglà-la», eh? I per què?

—I com és que el seu pare tornava a ser a la casa si diu que el tenien tancat en un sanatori?

—El murri s'escapava! Sempre que podia se'ls escapava. Qui el va fotre! De Granollers estant tornava al Pla d'Ufol! A peu! Tres vegades ja s'ha escapat i sempre torna aquí. Qui el va matricular, l'home!... Jo ja ho sé, quan del sanatori ens truquen que s'ha escapat, eh?, ja ho sabem, al cap de dos dies l'hem de venir a trobar aquí dalt. Ens van trucar «divenres» que havia guillat...

—Però Granollers és molt lluny, oi? —va fer la Bruna estranyada.

—Mare de Déu, si ho és! Com hi ha món! Ja t'ho dic jo, que ho és! No hi aniria pas jo a peu, no! —va exclamar en Jaume—. Però ell, tot i estar tan fotut «é mé» valent que un cavall.

—I com s'ho fa per trobar els camins? —va dir en Sergi interessadíssim en tot aquell cas.

—Poc que ho sé com s'ho fa!... Sí, ves, li sembla que és per aquí?, se fot per aquí; que és per allà?, se fot per allà. I hi arriba, tu, hi arriba. Ara, en acabat li demanes per on ha passat, eh?, i, que et penses que ho sap? Poc que sap res! Qui el va fotre!... Oh, el pare, no us penséssiu, ara perquè està així com està, pobric, però ja era valent abans, ja —i va somriure.

Tots tres van somriure. Malgrat els moments difícils que passaven amb aquell vell malferit al cotxe, s'havia produït un moment de distensió, i la Bruna i en Sergi es van adonar que en Jaume parlava amb afecte i fins i tot admiració, del seu pare, tot i estar tan fumudet... Se l'estimava, prou que se li veia...

Al lluny van aparèixer uns camps. Per aquí els nens no recordaven haver-hi passat. Després es van veure unes cases. Al cap d'una estona el camí va anar a parar a un de més ample i al cap de poc arribaven a una carretera asfaltada.

—Ja hi som! —va cridar en Sergi animat.

—No hi tenim pas gaire —va fer en Jaume.

Però al cap de pocs minuts el cotxe va

deixar de nou la carretera i es va ficar per una pista a mà esquerra. Els nens la van reconèixer de seguida, ja arribaven, Can Cerdans era allà ben a prop, al tombar.

—Hi sereu molts dies, a Can Cerdans? —va preguntar en Jaume.

—Fins el dia vint. Som de l'Escola Catalunya, de Sabadell. Hi vam arribar el dia cinc.

—Sí, n'hi vénen moltes, d'escoles ara per aquí, moltes... Aquests encara ho han sabut fer... Es veu que els en van donar molts calés. Ara també viuen a Sant Hilari...

—Qui viu a Sant Hilari? —va preguntar el noi.

—Els de Can Cerdans. Que us penseu que sempre ha estat una casa de colònies, això? Els estadants també van guillar, van baixar a Sant Hilari, i al cap d'uns anys l'amo s'ho va «venre». I la van comprar per dur-hi escoles i colònies i jo què sé... no sé si aquests de la Generalitat o l'Ajuntament i no sé qui... Ui, abans aquí a muntanya hi vivíem molta gent, però...

Llavors va callar com si meditės, i després va continuar:

—Els de Barcelona em feu molta gràcia!... Molt bonic viure al camp, molt bonic viure al camp, i quina llàstima que es «tenquin» les masies, però vosaltres només hi veniu els diumenges i uns dies a l'estiu. Però no sabeu què és viure aquí a pagès, en aquestes muntanyes... sense llum, sense telèfon, sense re... ni aigua, que nosaltres la trèiem d'un pou i no sempre n'hi havia. Amb un fred que pela a l'hivern i una calor espantosa al pic de l'estiu...

Va callar de nou, com si recordés coses. La Bruna va dir fluixet:

—No som de Barcelona, nosaltres, som de Sabadell.

—Tant li fa, els de Barcelona i els de Sabadell... Sabeu quantes hores havia de caminar jo de vailet per anar a estudi?... Fins que no ens vam comprar la moto... ¿Que us penseu que ens passaven a recollir per casa amb autocar com ho fan ara? I ca! I sabeu que molts dies no hi podia anar perquè havia d'engegar les vaques? I que us penseu que no mengen els animals els diumenges? I nosaltres, en Quico i jo, encara, però sapigueu que la mare, que és filla de Can Panyella, una casa de per aquí, quan era petita moltes vegades anava a peu a Vic a «venre» garrins!

—Garrins?

—Garrins! I de vegades dos i tres, que en duia a mercat. Amb una branqueta per tustar-los a l'esquena i fer-los marxar i avall, avall... Fins a Vic... Ja ho sabeu, on és Vic? Doncs fins a Vic. I si en acabat no els venia, apa, torna'ls a dur a casa i a esperar un altre dia... I anar a «venre» ous i llet per les cases de senyores, i a peu!, quatre hores a peu avall i quatre hores a peu amunt. Ella sí que no va poder ni anar-hi, a estudi. No, aquí a muntanya ha estat molt difícil la vida... I el pare amb el carbó... Però abans, mira, hi vivíem. Fins que fa uns anys ara l'una, ara l'altra, totes les cases d'aquests volts van tancar, i en dos anys no hi va quedar ningú. Només per fer-hi restaurants, serveixen aquestes cases.

—I vostè no hi pot fer un restaurant a casa seva?

—Aahh, aahh! —va dir rient—. Un restaurant? En una casa a punt de caure i tan desavinent?

—Què vol dir desavinent? —va preguntar el noi.

—Desavinent, que és molt lluny i amagada... Qui vols que hi vingui, a menjar aquí... I ara a punt de caure, sense aigua, ni llum... ni per llogar-la als de Barcelona serveix ja, llàstima! I això que aquests s'ho queden tot, que van com bojos volent llogar i comprar cases de pagès...

—Els de Sabadell també? —va preguntar en Sergi.

—Mira, ja es veu Can Cerdans! —va fer la nena amb alegria assenyalant cap endavant.

El noi també es va posar content, però no podia evitar una certa preocupació:

—A veure si ara tothom ens estarà buscant pels boscos i no hi trobarem ningú, a la casa.

—Sí, home, algú o altre hi haurà. Ja veuràs ara com ens rebran... —va fer la nena.

I va mirar amb atenció per la finestreta per fer-se una idea del moviment de gent que es veia al voltant de la casa. Però es veia tot molt tranquil... massa.

—Potser hi haurà els de la televisió, i els pares i la guàrdia civil i l'alcalde... —va dir en Sergi amb la il·lusió d'haver-se convertit en notícia.

«És clar que els pares», va pensar, «també pobres, quin patir... Però l'alegria que tindran ara prou que els compensarà... Però com els hauran avisat?, si no van els telèfons...»

VAN ARRIBAR davant de la casa de colònies. El jeep es va aturar.

—Ja heu arribat —va dir en Jaume.

En Sergi va saludar en Jaume i va sortir del Land-Rover, i es va quedar mirant els tres cotxes que hi havia a l'era de Can Cerdans: un dels cotxes dels masovers, el cotxe d'en Miquel i el dos cavalls de la Carme.. No n'hi havia més? Potser darrere la casa... O potser tots estaven buscant-los...

La Bruna, abans de baixar del jeep, es va mirar el vell i, tot i que va suposar que no la sentiria, li va dir afectuosa:

—Passi-ho bé.

Potser no la va sentir, però el vell, intuint que la nena se n'anava, li va dir fluixet:

—Nena... —la Bruna se'l va mirar fixament intentant entendre'l— ...li diguis a ton pare que canviï les teules, que entra l'aigua i es fan malbé els cairats i tot... I que vigili, que l'habitació d'en Quico ha baixat... i s'haurà d'arreglar tota...

—Sí, senyor —va dir la nena emocionada.

—Li diguis tu, maca, que si li ho dic jo no m'escolta... Que jo ja no sé com ferli entendre que... Oi que ho faràs? —i va estirar la mà com per tocar-la.

—Sí, senyor.

I la nena, pensativa, va baixar del cotxe. Aquell li havia produït una forta impressió. Pobre home, no entenia res, no sentia res...

—Bé, doncs, ja heu arribat, eh? —va fer en Jaume—. Ara corro a dur-lo a cal metge. Em sembla que té algun os trencat.

—I el tornaran a dur a Granollers? —va dir ella, trista.

—És clar, i que el vigilin bé —va fer l'home—. Encara que em sembla que en tindrà per temps ara de no poder trescar pels camins, pobric... Ai jo, quan el veig així... Bé, nois, que us divertiu força aquests dies... Aquest país és molt bonic, us agradarà. Apa, siau!

Va pujar al jeep i va arrencar. Encara

va saludar-los amb la mà mentre s'allunyava.

—Passi-ho bé! —van cridar els nois.

I el cotxe va desaparèixer en el revolt. Els nens es van quedar uns instants mirant cap allà on havia desaparegut i després es van mirar als ulls sense dir-se res. No sabien què dir-se. Després es van girar cap a la casa.

—Però, com pot ser? No ens han sortit ni a rebre —va dir en Sergi cada cop més decebut.

—Potser ens estan buscant per la muntanya.

Van mirar darrere la casa. Res, cap cotxe més. Llavors van entrar. La casa semblava buida, no se sentia cap soroll enlloc. Els nens estaven desconcertats... Però on era la gent? Però que no els buscava ningú? No entenien res, res, res... Ni la TV3, ni l'altra, ni els pares, ni l'alcalde, ni en Joan i la Maria, ni els masovers, ni la guàrdia civil, ningú...

En Sergi fins i tot es va enfadar; sentia una gran frustració. A ell li hauria agradat tant que els haguessin esperat els de la tele i que haguessin filmat la seva arribada...

Però un cop convençuts que estaven sols, van anar per feina. La Bruna va anar directe a la cuina i en Sergi va córrer a l'habitació de lliteres a canviar-se de roba.

Ell es va treure la roba, es va rentar amb aigua calenta, es va fer una fricció de colònia i es va posar roba neta. Aleshores, més tranquil, va baixar a la cuina.

La Bruna hi era asseguda, i damunt de la taula hi tenia un pa rodó immens, pernil, galetes, formatge, pomes, el porró, un pot amb olives, un enciam, pebrots, un plat de patates bullides, coca, llet, ous, xocolata i jo què sé... i menjava, menjava....

—Vine, vine, que he trobat menjar —va dir-li quan el va veure entrar—, i a la nevera encara hi ha iogurts.

Ell també es va entaular i es van atipar com uns lladres.

—T'hauries de canviar de roba —va fer ell.

—Després, després, quan acabi, tu, ara ja se m'ha eixugat.

I van continuar menjant.

—On deu ser tota la colla? —va dir ell.

—No ho sé, però ara rai. Prou que vindran tard o d'hora.

—Potser ens estan buscant.

—Potser sí.

Van menjar uns instants en silenci fins que ell va afegir:

—Oi que al pis de dalt hi havia persones?

—No ho sé.

—Però les vas veure, oi?

—En Jaume va dir que hi havia un mirall.

—I tu creus que el cop me'l va donar el mussol?

—Era una òliba.

—I tu creus que...

—I si ens prenguéssim un cafè?, eh?, digues —va interrompre'l la Bruna.

—¿Vols dir, un cafè?

—I per què no? Que no t'agradaria prendre-te'l?

A en Sergi els ulls li van brillar com a una mostela. Ostres, un cafè! No en prenia mai, és clar, però, què coi!, després de tot el que havien passat...

—Que saps fer-ne? —va preguntar il·lusionat a la nena.

—És clar que en sé. Només haig de trobar la cafetera i ja ho veuràs.

—Que guai, no? I no ens desvetllarà?

EN AQUELL MOMENT van sentir una veu des de la porta:

—Ai! Què hi feu aquí? —Es van girar: era la pepa de l'Alba Grau, que els mirava estranyada—. Ja heu arribaaat?

—Sí —va respondre la Bruna una mica indignada per la poca importància que semblava donar l'Alba al fet de veure'ls—. On són tots?

—Fa una estona han sortit per anar a Can Marimon, perquè ens pensàvem que éreu a Can Marimon, i ara resulta que ja sou aquí. I els altres?

—L'Eulàlia i els que van sortir primer amb ella potser sí que hi són, a Can Marimon, però nosaltres ens vam perdre. Però que no us vau telefonar ahir? Que no ens buscàveu?

—¿Que no ho sabíeu, que ens havíem perdut? —va interrompre en Sergi.

—Nooo —va respondre l'Alba tot obrint una boca grossa, grossa, per indicar sorpresa—. No ens podíem telefonar, que els telèfons s'han espatllat, es veu que amb les pluges s'han espatllat. En Miquel i la

Carme ja van voler telefonar-vos ahir i aquest matí, però no han pogut.

Llavors en Sergi i la Bruna van recordar que en Jaume ho havia comentat rondinant. O sigui, que ningú no sabia encara que ells s'havien perdut, i ara, quan ho sabessin ja no tindria cap importància.

En Sergi es va quedar una mica amb un pam de nas, a ell li hauria fet tanta gràcia que tota la colla els hagués buscat... tothom hauria parlat d'ells i la Gemma Roca... És clar que ara ja era igual, perquè ara a qui s'estimava era a la Bruna... Bé, de fet se les estimava totes dues, però era diferent perquè la Gem...

—I tu, per què no hi has anat, amb els altres? —va preguntar la Bruna a l'Alba.

—Perquè quan es va posar a ploure vam tornar a Can Cerdans tan de pressa que em vaig desllorigar el turmell i tot, i la Carme m'ha dit que és millor que avui no camini gaire... —i després, amb una mirada de curiositat va afegir—: Així, que us heu perdut? I on heu passat la nit?

I la Bruna i l'Alba es van quedar allà xerrant. En Sergi, en canvi, va notar que s'estava morint de son i sense dir res, ni esperar aquell cafè que semblava que no venia, se'n va anar a dormir. No tenia cap ganes d'explicar-li res a l'Alba, no li queia bé, l'Alba, mira, què hi vols fer...

Es va estirar a la seva llitera, però la cosa més curiosa és que no hi va haver manera d'adormir-se. Increïble!, tanta son com tenia i al mateix temps tenia un desvetllament espantós. I això que no s'havia pres el cafè. I aquelles dues corrent per la casa xerra que xerra, que feien una tabola, que ja... Perquè, és clar, d'una banda era la son, però també era la mullena, el cansament, la boira, la nit, el mussol, les teranyines, aquell pobre vell boig, la por, la pluja, les rates, la gana, els trons, la casa, la gent de dalt... La gent de dalt... Perquè, a veure, eren o no eren persones, allò de l'habitació de dalt?...

I li va costar, va costar, però finalment es va adormir...

De cop, algú va sacsejar-lo. Va obrir els ulls espantat. No entenia el que veia: la Bruna li estava cridant alguna cosa. On es trobava? On eren? Havien tornat els fantasmes? El vell encara els empaitava? On es trobava?

—Què passa? —va cridar esverat.

—Sergi! Desperta't! —deia la Bruna.

—Però què passa? —i es va incorporar d'un bot.

—Corre!, corre!, que ja no hi pensava!

—Què?

—La màquina!